Haiku

Haiku

Japanische Dreizeiler

Ausgewählt und aus dem
Urtext übersetzt von
Jan Ulenbrook

Philipp Reclam jun.
Stuttgart

Den im Geiste Verwandten

RECLAMS UNIVERSAL-BIBLIOTHEK Nr. 9400
Alle Rechte vorbehalten
© 1995 Philipp Reclam jun. GmbH & Co., Stuttgart
Bibliographisch ergänzte Ausgabe 2007
Satz: Wilhelm Röck, Weinsberg
Druck und Bindung: Reclam, Ditzingen
Printed in Germany 2007
RECLAM, UNIVERSAL-BIBLIOTHEK und
RECLAMS UNIVERSAL-BIBLIOTHEK sind eingetragene Marken
der Philipp Reclam jun. GmbH & Co., Stuttgart
ISBN 978-3-15-009400-6

www.reclam.de

Jeder Zustand, ja jeder Augenblick ist von unendlichem Wert, denn er ist der Repräsentant einer ganzen Ewigkeit.

Goethe am 3. November 1823
zu Eckermann

Zu Neujahr

Am Neujahrstage
Das Gestern so entfernt schon
Im Morgengrauen.

Ichiku

Am Neujahrsmorgen
Von alten Zeiten durchweht
Der Wind der Kiefern.

Onitsura

Am Neujahrsmorgen
Sind mir die Vorzeitsagen
Sogar erschienen.

Sôkan

Am Neujahrstag hängt
Die Vorzeit auch im Torschmuck
Aus Föhrenzweigen.

Buson

Am Neujahrstage
Im Hause mit dem Erbstück,
Dem Schwert, sich gürten.

Kyorai

Vom Neujahrstag ruht
Die Stimmung auf den Gipfeln
Im Wind der Kiefern.

Tozan

Am Neujahrstage
Der Berg im Morgengrauen
Von Schnee verhangen.

Saisei

Der Schnee des Fuji
Mit blendend weißer Anmut
Den ganzen Raum erfüllt.

Soshun

Am Neujahrsmorgen
Sei uns die Augenweide
Der Fujiyama.

Sôkan

Vom grauen Himmel
Fällt Schnee auf Schnee herab:
Ein Schmuck den Häusern!

Kigô

Am Neujahrstag ist,
Daß man den Schnee betritt,
Mir nicht zuwider.

Yayu

Viel Schnee vorm Haustor –
Wie lange schlief ich da wohl
Am Neujahrstage?

Fura

Im Reif am Bambus
Im Morgenlichte plustert
Der erste Spatz sich.

Takeshi

Als mein Vertreter
Im ersten Brunnenwasser
Der Spatz sich badet!

Issa

Am Neujahrstage
Sich offenbar die Spatzen
Geschichten erzählen.

Ransetsu

Am Neujahrstage
Dort durch die Tür der Hütte
Der Weizenacker.

Shôha

Am Neujahrstag dort
Das Reisfeld samt dem Feldweg
So still und friedlich.

Seihô

Am Neujahrstag, horch,
Vom Bach im Felde dort noch
Des Wassers Murmeln.

Raizan

Vom seichten Flusse
Im Dunkelgrün des Wassers
Ein erster Schimmer.

Getto

Zum Neujahrstage
Das Seidenblau der Miere
Am Meeresstrande.

Arô

Zum neuen Jahre
Der Seedorn dort am Strande
In Blüte wieder!

Arô

Der dürren Mähre
Ist doch der Neujahrsschmuck
Die erste Bürde!

Shiki

Im Heimatdorfe
Die Pferde selbst zu Neujahr
Gesichter machen.

Issa

Im ersten Traume
Sah ich die Heimat wieder:
Ach, wieviel Tränen.

Issa

Den ersten Traum, ach,
Verbarg und erzählt ich nicht,
Still für mich lächelnd.

Shô-u

Die Neujahrsgabe:
Vom Kind am Busen nichts als –
Die beiden Händchen.

Issa

Es kam ganz leise
Bei Mann und Frau zum Alltag
Ein Neujahrslächeln –

Issa

Mit Pflaumenblüten
In meinen Händen bracht ich
Den Neujahrswunsch dar.

Shiki

Zum Neujahrshochruf
Die Ärmel wie getränkt nun
Vom ersten Nebel.

Buson

Vom Neujahrshochruf
Am Wege lebhaft schwatzen
Die ersten Spatzen!

Issa

Am Neujahrstag, ach,
Jedes Gesicht, das ich sah,
Der Sorgen ledig.

Shigyoku

Am Neujahrstag da
Sind ohne Gut und Böse
Doch alle Wesen.

Shiki

Am Neujahrstage
Das allergrößte Glück ist –
Hellblauer Himmel!

Issa

Die alte Stimme
Der Nachtigall ersehn ich
Am Neujahrstage.

Chora

Am Neujahrstag, ach,
Bedenkt man wohl, wie einsam
Des Herbstes Abend.

Bashô

Am Neujahrstag noch
Den Glocken abends lauschen,
Bis sie verklungen –

Hakki

Zum Frühling

Des Frühlings Nahen:
Ein namenloser Hügel
Im leichten Nebel.

Bashô

Auf dünnem Eise
Allein und frohgemut dort
Ein Haubentaucher!

Hakyô

Der Kranich schreitet,
Im Sonnenschein sich plusternd,
Das dünne Eis ab.

Dômei

Des Frühjahrs Würger
Schon um die Felsen hinstreicht
Durch Nebelschleier.

Shûson

Es kauern sich hin
Auf kahles Astwerk Tauben:
Des Frühlings Nähe!

Fûsei

Der nahe Frühling
Verschleiert den ganzen Tag
Die Schlucht mit Regen.

Tôyô

Im ersten Frührot
Auf des Weizenhalms Spitze
Der Reif des Frühjahrs.

Onitsura

Vom Tagesanbruch
Das Purpurrot am Grabe
Und Wind des Frühlings.

Buson

Ein erster Frühling:
Das scharlachrote Wämslein
Des Ochsenjungen.

Shiki

Der Frühling fängt an
Und von neuem kehrt Dummheit
Auf Dummheit zurück.

Issa

Für alle Türen
Ist der Dreck der Holzschuhe
Der Frühlingsanfang.

Issa

So schlicht und einfach
Fand sich der Frühling heut ein:
Als Blau des Himmels!

Issa

Sogar mein Schatten
Ist munter und kerngesund
Am Frühlingsmorgen!

Issa

Mein ganzer Frühling:
Auf einem Grudeöfchen
Drei Bund Gemüse!

Issa

Zum Frühlingsanfang
Sind selbst die Geister schweigsam
An meiner Türe.

Kyoshi

Im Tulpenbaum, sieh,
Am Zaun dort draußen weht nun
Auf einmal der Wind.

Hyakken

Als ich vors Tor trat
Und fünf, sechs Schritte ging,
Der Wind des Frühlings!

Hekigotô

Der Frühlingswind, horch,
Läuft durch die Weizenfelder
Wie Wasserrauschen.

Mokudô

Als auf der Wandrung
Ich durch den Bergpaß schritt,
Das erste Farnkraut!

Kyoshi

Am Wegesrande
Von Zeit zu Zeit vereinzelt
Ein Schachtelhalm schon.

Shiki

Am Bergesvorsprung
So bezaubernd der Durchzug
Von Vogelstimmen!

Jôsô

Als ich zum Bergpfad kam,
Zog mich doch irgendwie an
Im Gras das Veilchen.

Bashô

Als ich das Boot hob,
Das einst auf Grund geriet,
Ein zartes Veilchen!

Buson

Ein Veilchen pflücken,
Ach, den so winzig kleinen
Gedanken des Frühlings!

Gyôdai

In die Hand genommen,
Wär es ja noch viel schöner,
Das kleine Veilchen.

Koshû

Sie pflücken, fällt schwer,
Und sie nicht pflücken, fällt schwer,
Die kleinen Veilchen!

Nao-jo

Das Veilchen zertreten,
Als ich am Steinwall hinging
Zum Pfad der Liebe.

Kitô

Dort auf dem Wasser
Des klaren Waldquells taucht auf
Der Mond des Frühlings.

Kyoroku

Im Zederndunkel
Stand ein Pupillenschimmer:
Ein Hirsch im Frühling.

Robutsu

Zur stillen Wandrung
Das Rauschen der Abendflut
Und Frühlingssterne.

Teijo

Dort zu den Blüten
Vom gelben Jasmin heut nacht
Der späte Mond noch.

Tsuru-jo

Am gelben Jasmin
Die Blüten und ihr Schmelz nun
Auch schon verblassen.

Kusadao

Der gelbe Jasmin
Und ich vom Abendwinde
Mit Regen wissen.

Suiha

Es legt der Wind sich
Und aus den Bergen deutlich
Da, horch, die Frösche!

Ôemaru

Die Hände stützend
Sein Lied zum besten dort gibt
Der alte Teichfrosch.

Sôkan

Bei meiner Klause
Der Teichfrosch von Anfang an
Vom Alter quarrte.

Issa

Als das Feld verkauft war,
Da ließen mich die Frösche
Noch mehr nicht schlafen!

Hokushi

»Tag, ach, Tag nachte,
Nacht, ach, Nacht tage doch bald«,
Die Frösche quaken.

Buson

Wenn ich still stünde,
Hört ich sogar von ferne
Die Frösche quaken.

Buson

Wo von Schneestürzen
Dröhnend die Schlucht widerhallt,
Die Uferschwalbe!

Shunsô

Grad in der Mitte
Dort türmt sich der Fuji auf:
Des Reiches Frühling!

Shô-u

Das flache Wasser
Des Frühlings durchwatet schon
Ein Silberreiher.

Hekigotô

Ein lauer Luftzug,
Das Grün von tausend Bergen
Und dort ein Kloster!

Shiki

Ein ganzer Topf voll
Vergoßnen Indigos:
Der Fluß im Frühling!

Shiki

Im Frühlingswinde
Der silberweiße Reiher
Dort in der Kiefer.

Raizan

Der Wind des Frühlings,
Wenn blattlos noch die Weiden,
Nicht blasen möge.

Johaku

Dort auf dem Wasser
Des wilden Bachs der Anblick
Von Weidenkätzchen!

Kijô

Bei jedem Windhauch
Setzt sich der Falter anders
Dort auf der Weide.

Bashô

Am Wegesrand strömt
Vom Quell das klare Wasser
Durch Weidenschatten.

Bonchô

Im jungen Grase
Die Wurzeln fast vergessen
Vom Weidenbaume.

Buson

Es mahnten mich doch
An so ersehnte Dinge
Die Weidenbäume.

Saimaro

Du gehst nun fort, ach,
Und die Weiden sind so grün
Und der Weg so weit.

Buson

Als ich verbittert
Heut heimgekehrt, im Garten –
Die Weidenbäume!

Ryôta

Auf alle Weise
Das Herz dem Weidenbaume
Man anvertraue.

Bashô

Zum Licht der Funzel
Im Abendregen hängen
Die Trauerweiden.

Issa

Um grüne Weiden
Die Fledermäuse huschen
Im Rot des Abends.

Kikaku

Ein Schnitzwerk sah ich
Dort vor den Sternen stehen:
Die stille Weide.

Chora

Auf dem Geschirrmarkt
Die Leute alle aufschaun:
Des Frühjahrs Gänse!

Ichiga

Die ersten Gänse
Entlang dem Rand des Mondes
In Sicht gekommen.

Chora

Als ich emporsah,
Der Flügelschlag von Gänsen
So sanft und langsam.

Toshio

Vom Himmel senkt sich
Ganz fern und geht zu Ende
Der Gänse Heimflug!

Kyoshi

Die Graugans läßt sich
In dichten Scharen nieder
Am Saum der Berge.

Chora

Von diesem Tag an
Da seid ihr Japans Gänse:
Nun schlaft in Frieden!

Issa

Das frische Reisbeet
Betrat und sah sich schief an
Vom Wald die Krähe.

Shikô

Im Teich beim Reisbeet
Des Frühlings Abendröte
Sich widerspiegelt.

Shûôshi

Das frische Reisbeet
Die kleine Natter durcheilt
Im Abendzwielicht.

Ôemaru

Es hackt das Feld sich
Der Greis in einem Hute,
Der krumm gezogen.

Kitô

Es holt hoch aus dort
Das Blitzen von der Hacke:
Des Ackers Frühling!

Sampû

Vom Berg der Bauer
Die Hacke als Kissen nimmt:
Es singt die Lerche!

Issa

Im Morgenwinde
Mit ganzem Herzen schnurstracks
Die Lerche aufsteigt.

Ryôta

In all dem Regen
Die Lerche sich leicht schüttelnd
Zum Himmel auffährt.

Sanki

Am Frühlingswinde
Die Kräfte eifrig mißt dort
Die kleine Lerche!

Yasui

Aus weißen Wolken
Hoch oben ein Gezwitscher:
Die Haubenlerche!

Kyoroku

Den ganzen Tag durch
Wird doch des Singens nicht satt
Die kleine Lerche.

Bashô

Das Lied der Lerche
Durch wolkenschweren Himmel
Sich seinen Weg bahnt.

Kusadao

Dem wilden Rettich
Sogar die Blüte aufging,
Schlägt doch die Lerche!

Issa

Im winkellosen,
Dem Himmel gar versteckt sich
Die Haubenlerche!

Rikuto

Die Jungen harren
Der Lerche, die zu hoch sich
Emporgeschwungen.

Sampû

Nichts als ein Zwitschern
Stürzte ohne Spur herab:
Die Haubenlerche!

Ampû

Zum Mörser stürzte
Und dann verlor im Spelz sich
Die kleine Lerche.

Shiki

Als ich grad nieste,
Verlor ich aus dem Auge
Die Haubenlerche.

Yayu

Das ganze Dorf nur
Aprikosen und Weiden
Und sonst nichts weiter!

Shiki

Zum Rot der Frühe
Vor allem Pfirsichblüten
Und Hähnekrähen.

Kikaku

Dort in dem Mörser
Piepst selbst das kleinste Küken
Von Pfirsichblüten.

Kison

Nun ist es Frühling:
Am hohen Gipfel unvermählt
Die Uferschwalben.

Ryôta

Am Maar des Kraters
Im dunklen Blaugrün spielen
Die ersten Schwalben.

Dakotsu

Am alten Haustor
Die Schatten laufend wechseln:
Die Mauerschwalben!

Shôha

Die Schwalbe dort, ach,
Was hat sie wohl vergessen,
Daß sie zurückschießt?

Otsuyû

Als sich die Schwalben
Im raschen Fluge kreuzten,
Da ward gezwitschert.

Yahan

Die Schwalbe schrie auf:
Die Natter nachts erschlagen
Im kleinen Haus, ach!

Buson

Am kahlen Astwerk
Vom ersten Frühlingsregen
Die runden Perlen.

Kyoshi

Der Frühlingsregen
Läßt wieder schöner werden
Fast alle Dinge.

Chiyo-ni

Du, Schleiereule,
Nun glätte das Gesicht dir
Im Frühlingsregen!

Issa

Der Frühlingsregen:
Des Weidenbaumes Tropfen,
Des Pflaumenbaums Staub.

Shôha

Im Frühlingsregen
Geschichten sich erzählend
Gehn Schirm und Mantel.

Buson

Am Dachrand schläft doch
Der herrenlose Kater
Im Frühlingsregen!

Taigi

Im Schnurrbart hängt doch
Vergessener Reisbrei noch
Verliebten Katzen.

Taigi

In diesen Tagen
Sogar das Gesicht nicht wäscht
Der alte Kater!

Michihiko

Verliebte Katzen
Mit überlegnen Mienen
Nach Hause gehen.

Issa

Vom Schlafe stehn auf
Mit einem großen Gähnen
Verliebte Katzen.

Issa

Wie Neid erregend
Sich in die Stunde fügen
Verliebte Katzen.

Etsujin

Aus tiefem Dunkel
In tiefes Dunkel gehen
Verliebte Katzen.

Issa

Der Kater entfloh
Und der Pflaumenbaum schwankt noch
Im trüben Mondlicht.

Gonsui

Vom Pflaumenbaume
Da steigt ein Blütenduft auf
Zum Hof des Mondes.

Buson

Wie er doch duftet,
Des Nachbars Pflaumenbaum,
Den ich nicht sehe!

Chora

Der Duft der Pflaume,
Wenn ich das Fenster öffne
In heller Mondnacht.

Issa

Die Mondensichel
Doch von den Pflaumenblüten
So drollig verzerrt!

Fukaku

»Die Pflaumenblüte,
Da, nimm und stiehl sie dir«,
Meinte das Mondlicht.

Issa

Die Pflaumenblüte
Dem kahlen Baum zurückkam
In dieser Mondnacht!

Buson

Im Dorf am Berge
Ein später Jubelruf noch:
Die Pflaumenblüte!

Bashô

Der Duft der Pflaume
Sogar im Haus des Bettlers
Kurz auf Besuch kam.

Kikaku

Die Pflaumenblüten
So leicht und flüchtig fliegen:
Ein Götterfrühling!

Moritake

Sooft sie welken,
Kommt auch das Alter sachte
In Pflaumenzweige.

Buson

Ob Pflaumen blühten,
Ob Nachtigallen schlugen,
Allein war ich doch.

Issa

Die Nachtigall kehrt
Dort auf den Pflaumenbaum ein
Seit uralter Zeit!

Onitsura

Die Nachtigall, horch,
Sich aus dem Osten einfand
Als Lenz der Hütte.

Shiki

Die Nachtigall, horch,
Das Innre nach außen kehrt
Beim ersten Liede!

Kikaku

Die Nachtigallen
Von Zeit zu Zeit nun schlagen
Am Berg voll Blüten.

Buson

Die Nachtigall sang
Doch am gestrigen Tage
Zur selben Stunde!

Chora

Die Nachtigall, ach,
Putzt doch die Füße sich ab –
An Pflaumenblüten!

Issa

In Einsamkeit, sieh,
Sind Blüten aufgegangen
Am wilden Kirschbaum.

Buson

Im Morgenrot dort
So klar im Tau die Blüten
Der wilden Kirsche!

Arô

Wie doch vom See her
Die Sonne ihren Glanz wirft
Auf Kirschenblüten.

Buson

Aus allen Nähten
Sogar am Hintern platzen
Die Kirschenblüten!

Rippo

»Mein Gott! Mein Gott!« und
Nichts weiter als Blüten auf
Yoshinos Hügeln.

Teishitsu

Als ich zurücksah,
Verhüllten den Hintergrund
Nur Kirschenblüten!

Chora

Den stolzen Junker
Ließ doch vom Pferde steigen
Die Kirschenblüte.

Issa

Aus Blütenwolken
Die Glocken von Uëno?
Von Asakusa?

Bashô

So viele Dinge
Ruft ins Gedächtnis mir
Die Kirschenblüte.

Bashô

Es gibt sich hin nun
Den wilden Kirschenblüten
Das Ohr des Innern.

Onitsura

Die Welt voll Leid, ach,
Selbst wenn die Kirschen blühen –
Doch wenn schon, denn schon.

Issa

Zu Blüten ging ich,
Und unter Blüten schlief ich:
Die wahre Muße!

Buson

Voll Seelenruhe
Ein allerliebstes Kätzchen
Im Fall der Blüten!

Mantarô

Im Naß des Reisbeets
Dort schwimmen nun verwelkt schon
Die Kirschenblüten.

Kyoroku

Es teilt das Bleßhuhn
Beim Schwimmen mit der Brust sich
Die Kirschenblüten.

Rôka

Die Blüten fallen
Auf beide Pferdeohren
So sanft und ruhig.

Kijô

Die Blüten fielen
Und es wird wieder stiller
Beim Onjô-Tempel.

Onitsura

Die Blüten fielen
Und still geworden sind nun
Die Menschenherzen.

Koyû-ni

Die kleinen Kätzchen
Schon Sichverstecken spielen
In Süßkleeblüten.

Issa

Das kleine Kätzchen
Hat doch hineingeschnüffelt
Ins Schneckenhäuschen!

Saimaro

Das kleine Kätzchen
Am Waagebalken baumelt,
Der in die Luft ragt.

Issa

Im alten Kübel
Selbst dem Zweigroschen-Anis
Die Blüte aufging.

Issa

Beim Blumengießen
Die Blüte vom Pimpinell
So still und einsam.

Kijô

»Kinder hab ich satt.«
Einer, der so redet, hat
Auch keine Blumen.

Bashô

Als ich vors Haus trat,
Am schmalen Weg die Blüten
Vom Hirtentäschel!

Hekigotô

Ganz genau besehn,
Ging Hirtentäschelkraut auf
Dort an der Hecke.

Bashô

So schwarz die Nägel,
Daß vorm Hirtentäschelkraut
Ich selbst mich schäme.

Issa

Wo im Bergnebel
Die Gruppe Bäume erlischt,
Die Uferschwalbe.

Jûshi

Von ferne kommt nun
Der Gang vom Glockenklang, horch,
Durch Frühlingsnebel.

Onitsura

Mit frohem Trabtrab
Naht sich im dichten Nebel
Doch irgend jemand!

Issa

Als ich mich umsah,
Der Mann, der grad vorbeiging,
Schon lauter Nebel –

Shiki

Das Gras im Nebel,
Vom Wasser keine Stimmen
Und Abendzwielicht.

Buson

Als ich zurücksah,
Das Licht am Schlagbaum anging
Im Abendnebel.

Taigi

Vom Weidenbaum her
Beginnt der Tag zu dunkeln
Und auch der Feldweg.

Buson

Im Frühlingswinde
Vom Deich herüber hebt an
Des Ochsen Stimme.

Raizan

Dort, bei den Weiden,
In Erwartung des Fährprahms
Noch zwei, drei Kühe.

Shiki

Wie in Gedanken
Geht dort der Frühlingsmond auf
Im Spalt des Buschwerks.

Shûôshi

Es kam ins Gedächtnis,
Als ich den Garten fegte,
Der Frühlingsabend.

Tairo

Am Frühlingsabend
Kam mir so herrenlos vor
Der alte Karren.

Gyôdai

Ein Spatzenkind dort
Im Licht der Tür aus Papier
Zum Bambusschatten.

Kikaku

Wenn es nach mir geht,
Verspätet sich die Lampe
Am Frühlingsabend.

Gyôdai

Mit Spukgeschichten
Verbrämen sich die Mädchen
Den Frühlingsabend.

Shiki

Zum blauen Himmel
Steigt nun der Geburtsschrei auf
Von kleinen Spatzen!

Issa

Im Pflaumenbaume
Den Schnabel öffnen Spätzchen:
Ein Ruf zu Buddha.

Issa

Abwechselnd fliegen
Voll Ungestüm im Herzen
Die Spatzeneltern.

Buson

In Teestrauchblüten
Sich im Versteckspiel üben
Die kleinen Spatzen.

Issa

Die Spatzenkinder
Sehr rasch begriffen haben,
Wie man verschwindet.

Issa

Mit Spatzenkindern
Doch piepsend Rufe wechseln
Im Nest die Mäuse.

Bashô

Am Tor die Spatzen
Doch einen Bruderzwist nun
Begonnen haben!

Issa

Zur Dämmerstunde
Ein Spatzenstiefkind schilpt
Dort in der Kiefer.

Issa

Als sie zum Zaun kam,
Da rief die Spatzenmutter
Mit regem Zwitschern.

Shiki

Kleines Spatzenkind
Rasch aus dem Weg, aus dem Weg,
Ein Hengst geht doch durch!

Issa

Im Haufen Kinder
Ermattet und tief erschöpft
Der junge Sperling.

Issa

Den Menschen fliehend,
An Menschen sich gewöhnend
Die Spatzenkinder.

Onitsura

Bist du recht freundlich,
Werden sie auf dich scheißen,
Die Spatzenkinder!

Issa

Dem Großen Buddha
Schon aus der Nase schilpen
Die Spatzenkinder!

Issa

Der blaue Himmel
Wölbt sich als Schutzdach auch
Für Spatzenkinder.

Tôgai

Die Birnen blühen,
Nachdem die Schlacht zu Ende
Um Häusertrümmer.

Shiki

Das Ohr des Pferdes
Noch schmaler wird, so kühl ist –
Die Birnenblüte.

Shikô

Zur Birnenblüte
Im Mondschein Briefe lesend
Ein junges Mädchen.

Buson

Im Neumondlichte
Am Boden so verschwommen
Buchweizenblüten!

Bashô

Am Wegesrande
Von Menschenhand zerstreute
Buchweizenblüten.

Buson

Es wurde gepflückt,
Gepflückt und weggeworfen
Das Gras des Frühlings.

Raizan

In großer Eile
Der Falter zutage trat
Mein Geld zu hüten.

Issa

Vorm schweren Karren
Flog auf und fort vom Grase
Ein gelber Falter!

Shôha

Im Abendlichte
Schwebt durch die Gassenflucht doch
Ein Pfauenauge!

Kikaku

Von Blüten verwirrt
Und vom Monde betört dort
Ein Schmetterling!

Chora

Zur Tempelglocke
Ist eingekehrt und schläft nun
Der kleine Falter.

Buson

Die Schmetterlinge –
Was sie wohl träumen mögen
Beim Flügelspreizen?

Chiyo-ni

Am Blumenkübel
Der Falter lauschte sogar
Dem Lied des Schicksals.

Issa

Der Traum vom Frühling
Ist nur ein flüchtiges Lied
Aus meinem Herzen.

Getto

Die Blütenträume
Von Faltern, wie ich hörte,
So lautlos wie sie –

Reikan

Erwach, erwach doch
Und werde mein Gefährte
Verträumter Falter!

Bashô

Ein Traumgebilde,
Als ich ihn fassen wollte,
Der zarte Falter.

Buson

Der Falter entschwand,
Und meine eigne Seele
Kam wieder zu sich.

Wafû

Mit leisem Rascheln
Der Frühling scheidet, hör nur,
Im Gras am Feldrain.

Issa

Es geht der Frühling,
Und weiße Blüten zeigt nun
Das Loch der Hecke.

Buson

Nun geht der Frühling:
Am Grund in Wind und Regen
Schon Himbeerblüten.

Takashi

Der Frühling scheidet
In späten Kirschenblüten
Mit leisem Zaudern.

Buson

Im Bergesschatten
Am Raps die Blüte aufging:
Der Frühling geht nun.

Tairo

Der Löwenzahn selbst
Mit weißem Kopfe heute:
Des Frühlings Ende.

Shô-u

Am langen Tage
Das Auge müd geworden
Vom Meeresspiegel.

Taigi

Nun Kahn und Küste
Wie ins Gespräch versunken
Am langen Tage.

Shiki

Wenn man älter wird,
Sind längre Tage sogar
Etwas zum Weinen.

Issa

Zum Sommer

Der Sommer kam doch
So einzig zu den Blättern:
In allen einzeln.

Bashô

Wie herrlich, herrlich:
Das frische, grüne Blattwerk
Im Sonnenglaste!

Bashô

Allein der Fuji
Blieb unbegraben übrig
Im jungen Blattwerk.

Buson

Am Pflaumenbaume
In voller Seelenruhe
Die grünen Blätter.

Issa

Im Licht vom Fenster
Blieb noch ein kleiner Zweig da
Mit jungen Blättern.

Buson

Selbst Gold setzt Rost an:
Im jungen Blattwerk bergen –
Sich alte Zeiten.

Chora

Vor Deutzienblüten
Ein alter Apfelschimmel
Im Rot der Frühe.

Kyoroku

In Deutzienblüten
Liegt mittendrin zerfallen
Die alte Klause.

Chora

Die Deutzienblüte
Ergießt sich auf des Lattichs
So breites Blattwerk.

Buson

Zur Deutzienblüte
Im hellen Glanz des Wassers
Die Frösche quaken.

Issa

Schnee, Mond und Blüten
Läßt uns auf einmal sehen
Der Strauch der Deutzie!

Teitoku

Am alten Passe
Ein Schneesturm aus Deutzien
Die Leute aufschluckt.

Meisetsu

Von Nachtigallen
Im zarten Grün ein Flöten
Und Deutzienblüten!

Suiha

Die Nachtigall, horch,
Begleitet mit fernem Sang
Den Sonnenaufgang.

Chora

Die Nachtigall dort
Auf ungebahnten Pfaden
Den Garten durcheilt.

Shôha

Im alten Garten
Schlägt doch die Nachtigall nun
Den ganzen Tag durch.

Buson

Die Nachtigall ist,
Wenn in der Kiefer sie haust,
Der Kiefer Stimme.

Issa

Die Nachtigall, ach,
Im jungen Bambusdickicht
Besingt das Alter.

Bashô

Im weiten Garten
Die weißen Bauernrosen
Sind ein Stück Himmel!

Buson

Die Bauernrosen,
Ein silbergraues Kätzchen
Und goldne Falter!

Buson

Vom goldnen Wandschirm
Ein kräftig schönes Lodern:
Die Bauernrosen!

Buson

Von den Päonien
Die Stempel alle wallen
Zur Sonnenhelle.

Taigi

Vom Sonnenlichte
Am Boden wie gemeißelt
Die Bauernrosen.

Buson

Die Waldameise
Hebt sich so klar vom Weiß ab
Der Bauernrose.

Buson

Der Regen schüttet
Den hellen Glanz mit Rauschen
Auf Bauernrosen.

Suiha

Vom Bauernkarren
Das Rumpeln widerhallte
An Bauernrosen.

Buson

Die zarten Farben
Die Bauernrose lange
Zu wahren wußte.

Shiki

Der Garten dunkel
Und stiller wird die Nacht nun
Durch Bauernrosen.

Shira-o

Beim Schein der Kerze
Die Stille wieder einzog
Um Bauernrosen.

Kyoroku

Als tiefes Schweigen
Und Pause zwischen Gästen
Die Bauernrosen.

Buson

Mit leisem Flüstern
Kam heut der Morgenregen
Zur roten Iris.

Shûgetsu

Die Blumenblätter
Vom Winde krumm geblasen
Der roten Iris.

Tatsuko

Vor armer Hütte
Des Haustors ganze Anmut
Die roten Iris!

Konya

Im Garten vorne
Kam reines Weiß zum Blühen:
Kamelienblüten.

Onitsura

Zum alten Brunnen
Ins Dunkel stürzen sich jäh
Kamelienblüten.

Buson

Erst fiel die eine
Und dann fiel die zweite ab
Von den Kamelien –

Shiki

Der Sommerregen
Mit einem hellen Blinken
Zu fallen anfängt.

Sôjô

Im Sommerregen
Die kühlen Pflaumenblätter
Des Windes Farbe.

Saimaro

Im Sommerregen
Vom Bambus eingeklemmt liegt
Das Dorf der Heimat.

Issa

Im Sommerregen
Am breiten Strom dort bloß noch
Die beiden Häuser.

Buson

Zum Weg der Sonne
Die Malven sich hinwenden
Im Sommerregen.

Bashô

Im Ring des Regens
Mit altersgrauen Mienen
Des Teiches Binsen.

Kyoshi

Wo bei dem Regen
Sie wohl noch hingehn will,
Die Weinbergschnecke?

Issa

Das Morgenrot, ach,
Ob es wohl Freude macht dort –
Der Weinbergschnecke?

Issa

Am Tor aus Reisig
An Stelle des Riegels doch
Die Weinbergschnecke!

Issa

He, Weinbergschnecke,
Erklimm so nach und nach nun
Den Fujiyama!

Issa

Die Weinbergschnecke
Doch Freud und Leid irgendwann
Den Kleinen verhehlt.

Shûson

Im Heimatdorfe
Ein Buddha-Antlitz haben
Selbst Weinbergschnecken!

Issa

Den Klee des Sommers
Am schmalen Pfad der Regen
Zu Tode trommelt.

Kinya

Das Fell des Hundes,
Als ob es Wasser schöpfte
Im Sommerregen.

Takeshi

Im Sommerregen
Rennt um den alten Rohrkorb
Ganz rasch ein Mäuschen.

Rankô

Im Sommerregen
Da schwimmen doch die Frösche
Vor jeder Türe!

Sampû

Ein Laubfrosch quakte
Vom jungen, grünen Blattwerk
Im Regenschauer.

Rogetsu

Den Sommerregen
Hat rasch zusammengebracht
Der Fluß Mogami.

Bashô

Vom Regen gebeugt
Verengen Weizenhalme
Den schmalen Feldweg.

Jôsô

Im grünen Weizen
Schwingt sich die Lerche empor
Und senkt sich wieder.

Onitsura

Die Weizenähren
Ergriff ich mit aller Kraft
Beim Abschiednehmen.

Bashô

Im Morgengrauen
Dort aus dem Weizen vorne
Der Ruf des Kuckucks.

Issa

Zum Felde wendet
Sich seitwärts nun der Kutscher
Dem Kuckucksruf zu.

Bashô

Es ruft der Kuckuck
Vom fünf Fuß hohen Kraute
Der gelben Iris.

Bashô

Der Ruf des Kuckucks
Ein-, zweimal an der Brücke
Im Morgengrauen.

Kikaku

Der Kuckuck ruft dort
Zusammen mit der Lerche
Sich überkreuzend!

Kyorai

Dem Ruf des Kuckucks
Der Bettler auf der Brücke
Sogar gelauscht hat.

Issa

Vom Pilgerzuge
Nichts als die Stäbe ziehen
Durch Sommerfelder.

Shigeyori

Es hob die Hörner
Die Kuh und sah den Mann an
Im Sommerfelde.

Seira

Der Bettler, sieh nur,
Trägt Himmel und Erde doch
Als Sommerkleider.

Kikaku

Inmitten der Felder
Die vier, fünf Kronen nur:
Die Sommerbäume.

Shiki

Im sanften Windhauch
Und Sonnenlichte flüstern
Die Sommerbäume.

Sôjô

Wenn sich kein Blatt regt,
Sind sie doch so unheimlich,
Die Sommerbäume.

Buson

Der Ruf der Eule
Bricht so verwirrend hervor
Aus Sommerbäumen.

Kijô

Sogar der Buntspecht
Die Klause ungestört läßt
Aus Sommerbäumen.

Bashô

Auch Spinneweben
Zu heißen Wesen werden
In Sommerbäumen.

Buson

Obwohl kein Buddha,
Steht doch so selbstvergessen
Die alte Kiefer.

Issa

Dem Wind der Kiefer
Lauscht völlig hingegeben
Der alte Teichfrosch.

Jôsô

Zu dieser Stimme
Führt seinen einen Tanz auf
Der Frosch mit Quaken.

Issa

In aller Ruhe
Blickt auf die Berge dort hin
Die Feuerkröte.

Issa

Es hat mich erblickt
Und macht ein saures Gesicht
Die alte Kröte.

Issa

Räum doch den Platz dort
Und laß mich Bambus pflanzen,
Du, alte Kröte!

Buson

Ein Zug von Segeln
So nach und nach dort aufsteigt:
Die Haufenwolken.

Issa

Die Haufenwolken
Als weiße Segel sich just
Im Süden sammeln.

Shiki

Oh, diese Stille:
Im See am Grund des Wassers
Die Haufenwolken!

Issa

Als ich durchs Moor ging,
Da kamen sie mir näher,
Die Haufenwolken.

Buson

Wo Nattern hausen
Im ausgedörrten Hochmoor,
Die Haufenwolken.

Shiki

Die Schlange schlich fort,
Die Augen, die mich ansahn,
Sie blieben im Gras.

Kyoshi

Nutzloses Gras selbst
Ist Halm für Halm erblüht nun
Zur Neumondsichel.

Issa

Sogar am Grabe
Des alten Räubers wuchert
Das Gras des Sommers.

Onitsura

Das Sommergras, ach,
Und nachts die Einsamkeit doch
So unerträglich –

Teijo

Das Sommergras dort
Im Feld am Vorgebirge
Ist nur ein Wogen.

Kusadao

Der Duft vom Felsen:
Das Sommergras, das rot ward,
In Tau und Hitze.

Bashô

Das Sommergras, ach,
Ist von den Kriegern nun noch
Der Rest der Träume.

Bashô

Glutheiß der Mittag
Und vom Pirol am Bach nun
Auch nicht ein Laut mehr.

Issa

Dem Blattversteck hat
Sich entwunden die Gurke
Bei dieser Hitze.

Kyorai

Die Blumenblätter
Ganz still herunterhängen
An gelber Iris.

Kyoshi

Ins Blatt des Lattichs
Mit leichtem Knall ein Loch riß
Die Sommerhitze.

Issa

Der wilde Wein selbst
Am Fenster ein Gesicht zieht
Bei dieser Hitze!

Issa

Vom weißen Berge
Der Schnee mit hellem Glitzern:
Oh, diese Hitze!

Issa

Am Himbeerstrauche
Die Blüten runzlig werden
In bleicher Schönheit.

Seison

In aller Stille
Und ganz vereinzelt fallen
Die Buchsbaumblüten.

Seihô

Zum Baume unten
Die Kakeblüten fallen
Ins Abenddämmern.

Buson

Das Roß der Schlachten
Im Stehen eingeschlafen
In Kakeblüten!

Issa

An Sommerfäden
Erwärmt sich doch die Nüstern
Das wilde Pferd dort!

Ayatari

Das kleine Fohlen
Streckt doch das Maul heraus
Aus Irisblüten.

Issa

Vom Haus des Fischers
Gestank von trocknen Fischen
Bei dieser Hitze.

Shiki

Dort steht die Hacke,
Doch niemand ist zugegen
In dieser Hitze.

Shiki

Die junge Hündin
Im Grase eingeschlafen
Bei dieser Hitze.

Shiki

Die Pferdebremse
Geht doch vom Strohhut nicht weg
Bei dieser Hitze.

Shiki

Am Großen Buddha
Zum Sonnenplatz die Bremse
Sich durchgekämpft hat.

Hyakken

Im hohen Himmel
Die faulen Pferdebremsen
Den Tanz verbergen.

Seihô

Die Hitze drückend,
Die Sinne ganz benommen
Lausch ich dem Donner.

Shiki

Ein Blitzstrahl flammte,
Und in des Waldes Lücke
Wird Wasser sichtbar.

Shiki

Der Strahl des Blitzes
Sich spaltend niederfährt, sieh,
Dort auf die Berge!

Jôsô

Der Schein des Blitzes
Auf dem Heimweg vom Felde
Den Kater umfängt.

Takako

Im Strahl des Blitzes
Dort, wo es dunkel blieb, geht
Der Schrei des Reihers.

Bashô

Im Schein des Blitzes
Streut sich ein Rauschen aus:
Der Tau vom Bambus.

Buson

Im Blitzstrahl flammte
Vorm kleinen Hause hell auf
Die Gurkenblüte.

Buson

Das Wetter zieht ab:
Der Baum im Rot des Abends
Und Grillenzirpen.

Shiki

Das Wetterleuchten,
Das gestern im Westen stand,
Steht heut im Osten.

Kikaku

Ein kühler Windhauch
Erfüllte rings den Himmel
Mit Föhrenrauschen.

Onitsura

Oh, welche Kühle:
Im grünen Reisfeld hinten
Die eine Kiefer!

Shiki

Die kühle Brise:
Dort auf dem grünen Reisfeld
Der Wolkenschatten.

Kyoroku

Die altbekannten,
Die wilden Lilien heute
In Wind und Regen.

Tatsuko

Im Abendwinde
Die wilden Lilien alle
Sich leicht bewegen.

Kyoshi

Die Lilien blühen –
Doch wie kann ich vergessen,
Was einst gewesen?

Shokyû-ni

Als voller Kummer
Den Hügel ich hinabstieg,
Die Rosenblüten –

Buson

In wilden Rosen,
Als ich den weiten Weg ging,
Die Abendsonne.

Kakei

Im Abendwinde
Die weißen Rosenblüten
Erbebten alle.

Shiki

Den roten Nelken
Scheint auf die Stengelknoten
Die Abendsonne.

Seibi

Berauscht, ach, schlief ich,
Wo die Nelken erblüht sind,
Dort auf dem Felsen.

Bashô

Auf roten Nelken
Der weiße Schmetterling –
Von wem die Seele?

Shiki

Die Fischersleute
Vom ganzen Dorf sind draußen:
Der Mohn in Blüte!

Kyorai

In Klatschmohnblüten
Sich munter balgend stürzen
Die frechen Spatzen.

Shira-o

Der Mohn erblühte
Und ist für heut die Seele
Der Abendröte.

Shûôshi

Der Mohn, der aufging,
Am selben Tag vom Winde
Schon bald zerstreut war.

Shiki

Es fällt beizeiten
So leicht und mühelos doch
Vom Mohn die Blüte.

Etsujin

Die letzte Güte
Ist letzte Schönheit doch auch
Der Klatschmohnblüte.

Issa

Am Fuß des Berges
Der Lärm vom Reisdrusch und –
Glyzinenblüten!

Buson

Im Niederhängen
Umfangen nun den Felsen
Glyzinenblüten.

Shiki

So fern vom Monde
Erweist sich die Glyzine
Durch Duft und Farbe.

Buson

Wie reich sie aufging
An diesem kühlen Morgen,
Die Eibischblüte!

Seisei

Im heißen Wetter
Als tiefes Violett dort
Der Eibisch aufging.

Takako

Im Vollmondlichte
So unerwartet einsam
Die Eibischhecke.

Teijo

Zuerst vertrau ich
Auch hier der Eiche mich an
In Sommerbäumen.

Bashô

War es die Blüte,
Die Frucht, die in das Naß fiel
Von Sommerbäumen?

Buson

Am Sommerberg nun
Der Riesenbaum gefällt wird:
Ach, welch ein Echo!

Meisetsu

An Baumeswurzeln
Von rechts und links herabhängt
Das Baumesdüster.

Kyoshi

Im Baumesdunkel
Die Schmetterlinge spielen
Schon lange, sieh nur!

Takashi

Wie herrlich, herrlich:
Im Düster der Bäume selbst
Die Sonnenstrahlen!

Bashô

Wie still und ruhig
Dort doch der Waldquell sprudelt
Zu Kuckucksrufen.

Shiki

Die Kerriablüten
Sich in ihm widerspiegeln,
Daß gelb der Quell ist.

Ransetsu

Ob tropfenweise
Schon Kerriablüten fallen?
Es raunt der Sturzbach.

Bashô

Der alte Weiher:
Nur Blüten von Entengrieß
Und Mittagsstille.

Meisetsu

Grüne Libellen,
Rosa Seerosenblüten
Und gelbe Falter!

Sodô

Zur Entengrütze
Ein schwarzer, kleiner Falter
Dort schaukelt, gaukelt.

Issa

Kein Lüftchen rührt sich:
Im Walde nur Tropfenfall
Und Kuckucksrufe.

Kikaku

Im Grün des Efeus
Blinkt leise das Rot herauf
Vom Stamm der Zeder.

Kyoshi

Die Hängebrücke:
Ein Leben dicht umschlungen
Von Efeuranken.

Bashô

Wie schnell und reißend
Stürzt sich der Wasserfall dort
Ins grüne Dickicht!

Shirô

So klar der Sturzbach
Und in die Wellen streut sich
Das Grün der Nadeln.

Bashô

Am Grund die Steine,
Sie scheinen sich zu rühren
Im klaren Wasser.

Sôseki

Oh, welche Kühle:
Es läuft die Abendflut auf
Und Fische springen.

Shiki

Der Abendwind schlägt
Das Wasser an das Bein leis
Dem grauen Reiher.

Buson

In Wellenpausen
Sich kleine Muscheln mischen
Mit Spreu vom Buschklee.

Bashô

Wie still und ruhig
Fliegt doch der Königsfischer
Zum Teich am Berge.

Shiki

Der Königsfischer
Macht nun am Teich die Runde
Um alle Weiden.

Shiki

Der Königsfischer
Mit nassen Federn spiegelt
Die Abendsonne.

Tôri

Den Kopf erhoben
Schwimmt dort ein Kormoranschwarm
Die Schnellen aufwärts.

Rôka

Den Kormoranen
Ins Antlitz Wogen spritzen
Vom Fluß im Lichtschein.

Rankô

Mit Kormoranen
Taucht meine Seele unter
Und auf im Wasser.

Onitsura

Im Lattichschatten
Die roten Leiber huschen
Vom Schwarm der Fische.

Shûôshi

Zum Abenddämmern
Der Bauch des Karpfens blinkte
Dort in den Schnellen.

Onitsura

Die Karpfen schlafen,
Das Wasser still geworden –
Da, horch, ein Kuckuck.

Gonsui

Zum Mondenaufgang
Weht in das Gras der Wind, horch,
Die Kuckucksrufe.

Shiki

Rief da nicht eben
Der Fischersknecht aus Suma?
Es war der Kuckuck –

Bashô

Der Ruf des Kuckucks
Erfüllt das Bambusdickicht
Die ganze Mondnacht.

Bashô

War es der Mond, horch,
Der dort gerufen hat?
Es war der Kuckuck!

Baishitsu

Die beiden Brüder
Einander ins Gesicht sahn
Beim Ruf des Kuckucks.

Kyorai

Wenn einst vor Liebe
Ich stürbe, auf meinem Grabe
Der Kuckuck rufe.

Ôshû

Ein großer Glühwurm
Mit leichtem Schaukeln flackernd
An mir vorbeischwebt.

Issa

»Dort fliegt ein Glühwurm,
Sieh nur!« – wollt ich grad rufen,
Da war ich allein.

Taigi

So leicht es aufglüht,
So leicht es wieder ausgeht,
Das Himmelswürmchen!

Chine-jo

Für den, der ihn jagt,
Läßt er sein Leuchten sehen,
Der kleine Glühwurm!

Ôemaru

Als ich ihn jagte,
Verbarg er sich ins Mondlicht,
Der kleine Glühwurm.

Ryôta

Als es entwischte,
Ob's einen Seufzer ausstieß,
Das Himmelswürmchen?

Issa

Im Sommerregen
Fand sich des Nachts ganz heimlich
Der Mond zur Kiefer –

Ryôta

Zur Sommernacht, ach,
Von Wolke zu Wolke dort
Der Mond hinhastet.

Rankô

Selbst heiß das Echo
Von der gesprungnen Glocke
Im Sommermondlicht.

Hokushi

Der Schnur der Angel
Kommt langsam in die Quere
Der Mond des Sommers.

Chiyo-ni

Der Mond und ich nur,
Wir blieben allein übrig
Am kühlen Stege.

Kikusha-ni

Der Krakenfangtopf:
Ein Traumbild, vag und flüchtig,
Im Sommermondlicht.

Bashô

Die fernen Berge
Im Auge widerspiegelt
Die Wasserjungfer!

Issa

Die Wasserjungfer
Beruhigt sich vom Irrflug
Zur Mondensichel.

Kikaku

Im Vollmondlichte
Die Flügel der Libelle
So regungslos nun.

Môen

Des Sommers Fliege
Dem, der bei Nacht noch lernt,
Die Stirne streifte.

Shôha

Die üble Fliege,
Die ich so gern erschlüge,
Kommt doch nicht näher!

Shiki

Erschlag sie doch nicht:
Sieh, wie die Fliege die Hände,
Wie sie die Füße ringt!

Issa

Zur Morgenröte
Steht noch ein Regenbogen
Um rote Lotos.

Tadashi

Die Lotosblätter
Der Tau von dieser Welt doch
Ganz leicht gebeugt hat.

Issa

Die Lotosblüte
Hat schwankend noch gezittert,
Bevor sie abfiel.

Kijô

Oh, diese Stille:
Die Lotosfrüchte fliegen
In großer Menge.

Bakusui

Die weißen Lotos
Nur wie ein Schattenspiel noch
Im Schein des Mondes.

Sengyo

Zum Buddha werden
Die auch den Wolken gleich sind:
Die Lotosblüten.

Boryu

Ich hab nichts weiter
Als meine Seelenruhe:
O welche Kühle!

Issa

Der Große Buddha
Ist ohne jedes Mitleid:
Oh, diese Kühle!

Shiki

Ach, diese Kühle,
Sie ist zum Paradiese
Die Eingangspforte.

Issa

Zum Herbst

Der Herbst beginnt, ach,
Und in die Strudel mischt sich
Sein Windesrauschen.

Dakotsu

Der Herbst der Felder
Läuft durch die Gräser dahin
Als Windesrauschen.

Bashô

Der Reis geschnitten
Und die Kamille kraftlos
Am schmalen Feldweg.

Shiki

Der Herbst beginnt schon:
Auf meiner Binsenmatte
Die Kiefernnadel.

Getto

Vom ersten Herbste
Blickt durch die Weiden dort schon
Die Morgensonne!

Seibi

Im ersten Herbste
Das Meer wie frisches Reisfeld:
Ein tiefes Blaugrün.

Bashô

Grad heute morgen
Fiel leise und ganz heimlich
Das erste Blatt ab.

Issa

Die Efeublätter
Nun ausnahmslos erzittern
Im Sturm des Herbstes.

Kakei

Das Roß der Schlachten
Dort ganz allein zurückkommt:
Vom Baum das Blatt fällt.

Issa

So schwach und kraftlos
Am alten Weg zum Quell schon
Des Mooses Blüte.

Ryôta

Oh, diese Stille:
Am Pflaumenbaum im Moos saugt
Des Herbstes Biene.

Yaha

Auf mir wird auch bald
Zum vollen Blühen kommen –
Des Mooses Blüte.

Issa

Vom Herbst ein Weilchen:
Das Sonnenrad so einsam
Im Föhrenwipfel.

Dakotsu

Die Wolken niedrig
Und Abend für Abend, ach,
Das Weidenblatt fällt.

Issa

Wie aufgeschluckt doch
Das kleine Haus vom Herbste
Des Weidenschattens.

Bashô

So klar der Abend
Und aufgereiht im Hellblau
Des Herbstes Berge.

Issa

Zur Abendmahlzeit
Dort in der Tür vom Herbste
Die Abendröte.

Chora

Im Herbst am Abend
Sogar die Krähen schweigend
Vorüberflogen.

Kishû

Vorm leeren Hause
Am Tore ruft die Grille
Zur Abendsonne.

Shiki

Das kleine Heimchen
Beim Nachbarn dort am Mörser
Im Dunkeln laut wird.

Saisei

Vom Hefekübel,
Nachdem das Tropfen aufhört,
Der Ruf des Heimchens.

Bonchô

In heller Mondnacht
Begann am Stein zu zirpen
Ein kleines Heimchen.

Chiyo-ni

Oh, diese Stille:
Selbst durch die Felsen dringt doch
Des Heimchens Zirpen.

Bashô

Daß sie bald hinstirbt,
Verrät mit keinem Zeichen
Der Grille Zirpen.

Bashô

Hebt sanft der Wind an,
Dann zirpt von Einsamkeit, ach,
Des Herbstes Grille.

Teijirô

Des Herbstes Grille
Ruft nun am Hügelgrab dort,
Wo sich das Tal senkt.

Ryôtei

Wenn ich einst sterbe,
So sei am Grabe Wächter
Vom Feld die Grille.

Issa

Wie herzzerreißend
Am Rasthaus doch im Herbste
Die Wasser murmeln.

Fûsei

Zur Nacht im Herbste
Das kleine Loch im Fenster
Mir Flöte spielte.

Issa

Die Nacht im Herbste
Ein Träumen und Schnarchen
Und Grillenzirpen.

Suiô

Vom Herbst der Dinge
In heller Mondnacht Krähen
Andauernd krächzen.

Onitsura

In dieser Mondnacht
Die Flöte spielt so linkisch
Der gute Nachbar.

Kôyô

So lang die Nacht, ach,
Und, was ich denke, sagt nur
Des Wassers Rauschen.

Gochiku

Oh, Gram und Trauer:
Schon weht die Angelschnur nun
Im Wind des Herbstes.

Buson

Im Leibe brennt mir
Als Schärfe des Rettichs
Der Wind des Herbstes.

Bashô

Nur die Melone
Weiß nichts vom scharfen Winde
Am frühen Morgen.

Sodô

So rot, so rot nun
Die Sonne und gnadenlos
Der Wind des Herbstes.

Bashô

Vom Wind des Herbstes
Der tiefe Sinn bewegt nicht
Die Schnur des Vorhangs.

Ransetsu

Der Wind des Herbstes:
Das Ziel der Lebensreise,
Das unbekannte.

Shiki

Vor jedem Hause
Die Windenblüte aufging
Im Blättermonde.

Ryôta

Die Windenblüte
Ging ganz gelassen auf
Im Winde morgens.

Dômei

Die Trichterwinde
Im hohen Föhrenwipfel
Mit *einer* Blüte.

Shiki

Von Windenblüten
Das tiefe Blau dort drüben
Im Lauf der Tage.

Hakyô

Die Trichterwinde
Des tiefen Abgrunds Farbe
In *einer* Blüte!

Buson

Von Windenblüten
Das Tiefblau eine Zeitlang
Ein Spiel von Schatten.

Sôjô

Aus Windenblüten
Taucht auf und kommt heraus
Der alte Meister!

Chora

In Windenranken
Verstrickt der Brunneneimer –
Drum gib mir Wasser.

Chiyo-ni

Die Winde mittags
Sich doch als Schloß herabließ
Am Tor der Hecke.

Bashô

Am Kehrichthaufen
Verblühen nun die Winden:
Des Herbstes Abend.

Taigi

Auf Windenblüten
Bläst nun und es entfärbt sie
Der Wind des Herbstes.

Chora

Den Trichterwinden
Die Blätter fortgerissen
Vom ersten Herbststurm.

Shiki

Im alten Brunnen
Am Grunde noch ein Schimmer:
Gestirn und Mondnacht.

Hyakken

Mit klarem Klange
Zum Großen Bären aufhallt
Der Schlag vom Walkblock.

Bashô

Im zarten Mondlicht
Rinnt Wasser durch die Nacht hin
Vom Wäschewalkblock.

Rankô

Zur Tempelglocke
Ist eingekehrt und glimmt nun
Der kleine Glühwurm.

Shiki

Des Herbstes Glühwurm
Läßt doch die Frau des Abends
Sich einsam fühlen.

Rogetsu

Am Föhrenhügel
Erlischt so dicht der Glühwurm
Im Morgensturmwind.

Yaha

Ein starker Sturm bläst
Und mitten aus dem Gras dort
Der Vollmond heute.

Chora

Wie melancholisch
Kommt doch der Vollmond herauf
Im Sturm des Herbstes.

Shiki

Im Licht des Vollmonds
Am Bergesfuße Brodem,
Vom Felde Schwaden.

Bashô

Entlang des Baches
Durchschreite ich die Äcker
Zum Mondbetrachten.

Sampû

Im Vollmondschein doch,
Wo ich auch geh und stehe,
Ein andrer Himmel!

Chiyo-ni

Oh, welch ein Vollmond:
Ich ging um den Weiher fast
Die ganze Nacht durch.

Bashô

Das Bleßhuhn pickte
Und brach den Vollmond entzwei
Dort in den Wellen.

Zuiryu

Gebrochen wurde
Und abermals gebrochen
Der Mond im Wasser.

Chôshû

Der Mond im Wasser
Schlug einen Purzelbaum noch
Und trieb dann weiter.

Ryôta

Wie Blütenschimmer
Vorm Antlitz des Mondes doch
Die Wolken hängen.

Kyoshi

Im Licht des Vollmonds
Sieht selbst der blanke Sand aus
Wie Edelsteine!

Shiki

Das helle Blinken
Vom Mond am Strande rinnt auch
Aus kleinem Tonkrug.

Hakko

Der arme Knabe,
Der Reis sich mahlen wollte,
Den Mond betrachtet.

Bashô

Bei solchem Vollmond
Des Nachts geboren werden
Und Kind sein dürfen!

Shintoku

Ach, dieser Vollmond:
Wenn ich einst wiederkomme,
Als Kiefer, bitte –

Ryôta

Im Mondenglanze
Wallt Leben und Tod dahin –
Die Menschen schlafen.

Takako

Im Vollmondschein hat
Vor Gras und Baum zu weichen
Des Menschen Schatten.

Baishitsu

Mich zu begleiten,
Mein Schatten mit mir heimging
Vom Mondbetrachten.

Sodô

Am Fluß dort oben
Das Dorf für einen Lidschlag
Im Feuerwerke!

Issa

Für eine Weile
Der See bis an den Rand voll
Vom Feuerwerke.

Issa

Wie angezündet
Im Feuerwerk dort hinten
Die Fischerboote!

Buson

Das ferne Feuerwerk
Der Einsamkeit des Wassers
So ähnlich wurde.

Fûsei

Ach, wie vereinsamt:
Am Schluß des Feuerwerkes
Ein Stern im Fluge.

Shiki

Die Leute gehen
Nach Schluß des Feuerwerkes:
Oh, dieses Dunkel.

Shiki

Als es spät wurde,
Im Wasser auf dem Reisfeld
Der Strom des Himmels.

Izen

Mit einem Ende
Lehnt an die Berge sich dort
Der Strom des Himmels.

Shiki

Die wilde See, ach,
Bei Sado überwölbt sogar
Der Strom des Himmels.

Bashô

Wie wunderschön doch
Im Loch der Tür aus Papier
Der Strom des Himmels!

Issa

Beim Zank Betrunkner
Die Stille wieder einkehrt:
Der Strom des Himmels.

Tomoji

Mit leisem Funkeln
Der Silberstrom herabhängt
In Schlaf und Nacht nun.

Fûsei

Im dichten Nebel
Was wurde dort gerufen
Zwischen Boot und Hügel?

Kitô

Durch Morgengrauen
Und dichten Nebel wirbelt
Der Ruf der Glocken.

              Bashô

           Die Nebeltage
           Sind ohne Zweifel Göttern
           Sogar langweilig.

                      Issa

Im weißen Tau dort
Die vier, fünf Bauernhäuser
Des kleinen Weilers.

              Shiki

           Im ersten Tau nun
           Dort, wo der Eber nachts schlief,
           Der Rasen aufsteht.

                      Kyorai

Vom Tau der Astern
Empfängt der Tuschstein doch
Das ganze Leben!

> *Buson*

Wie doch voll Unschuld
Das kleine Gras den Tau trägt
Im Rot der Frühe!

> *Shiki*

Das Blatt der Gräser
Nimmt sich zum Tummelplatze
Der Frühtautropfen.

> *Ransetsu*

Der weiße Tau, ach,
Am Dorn der wilden Rosen,
An jedem einzeln.

> *Buson*

Der Tau fällt ab nun:
»Mit dieser schmutzigen Welt
Ich nichts zu tun hab.«

Issa

Wenn er gefallen,
Dann ist er nichts als Wasser,
Der Tau der Distel.

Chiyo-ni

Vom weißen Tau, ach,
Den Vorgeschmack der Einsamkeit
Vergiß ihn niemals.

Bashô

Vom Reif das Wasser
Am Schilf die letzten Blätter
So blind und trüb macht.

Arô

Durch Tau und Reif nun
Die Krähen einherschreiten
Im fremden Lande.

Shûson

In die Hand genommen
Zerrinnt in heiße Tränen
Der Reif des Herbstes.

Bashô

Trotz allem Regen
Sind dort am Zaun erblüht nun
Des Herbstes Astern.

Midori-jo

Viel Astern blühen
Dort vor der armen Hütte
Am Wäschewalkblock.

Shiki

In vollem Glanze
Ruht dort die Morgensonne
Auf all den Astern.

Issa

Die weißen Astern
Erschienen mir viel höher
Im Rot des Morgens.

Yasen

Vor weißen Astern
Hält eine Weile inne
Die Blumenschere.

Buson

He, Asternzüchter,
Du bist den Astern doch schon
Ein rechter Sklave!

Buson

Es strafft sich wieder
Die schlaff gewordne Aster
Im Rest des Wassers.

Bashô

Die weiße Aster,
Die dort vor Augen steht,
Zeigt nicht ein Stäubchen.

Bashô

Die weiße Aster
Den weißen, schönen Tonkrug
Ganz überflutet.

Shûôshi

Es sprachen kein Wort
Der Gast, der Hausherr und auch –
Die weiße Aster.

Ryôta

Nachdem er viel sah,
Der Blick zur weißen Aster
Zurückgekehrt ist.

Isshô

Der Geist der Stille
Zieht bei uns ein beim Anblick
Von weißen Astern.

Dakotsu

Die weiße Aster
Vom Rot des Abends durchtränkt
Und leicht gefärbt ist.

Mantarô

Das Mondlicht fängt ein
Und häuft sich an die Aster
Im Blütenblatte.

Mië

Zum Duft der Astern
Des Abends in der Haustür
Die Hände falten.

Sujû

Die Handlaterne
Nahm alle Farbe doch fort
Der gelben Aster.

Buson

Am Geländerholm
Steigen die Astern herauf
Als Schattenrisse.

Kyoroku

Der Duft von Astern
Steigt durch das Dunkel herauf:
Ein Siebzehnsilber!

Bashô

Die Berge dunkel,
Die das Zinnoberrot
Des Ahorns rauben.

Buson

Voreilig glaubt man,
Das Rot des Abends käme:
Es ist das Herbstlaub.

Issa

Ein Buntspecht auch noch
Bei Sonnenuntergang hängt
Im roten Herbstlaub.

Issa

Am Saum des Berges
Dort bei der Klause steigert
Das Rot des Laubs sich.

Takashi

Das gelbe Laub fällt,
Das rote Laub hingegen
Wird nur noch stärker.

Sujû

Tief in den Bergen
Die Eichenblätter fallen,
Daß rotes Laub stiebt.

Shiki

Am flachen Strande
Das Wasser leise aufschäumt:
Der erste Herbststurm.

Sentoku

Am Tor aus Reisig
Das Laub vom Teestrauch harkt sich
Der Sturm zusammen.

Bashô

Die Haustür schlug zu
Beim Fall des Bambusvorhangs:
Der erste Herbststurm!

Kana-jo

Zum Schlosse Tobas
Die vier, fünf Reiter preschen
Im Sturm des Herbstes.

Buson

Wie Schritt für Schritt dort
Die Pferdehufe schneiden
Den Sturm des Herbstes.

Issa

Im Schwanz des Pferdes
Haust da der Geist Buddhas?
Der Wind des Herbstes.

Shiki

Vom Berg der Sturmwind
Die Hagelschloßen bläst doch
Ins Ohr des Pferdes.

Tairo

Die Hagelschloßen
Sich in das Funkensprühen
Beim Grobschmied mischen.

Gyôdai

In aller Eile
Im Flug ins Feuer hinein
Die Hagelschloßen.

Issa

Das Nest des Schwanes
Hat an der Reuse aufgehängt
Der Sturm des Herbstes.

Buson

Sogar das Wildschwein
Mit allem andern fortstob
Im Sturm des Herbstes.

Bashô

Wie wunderschön steht
Nach allem Herbststurm dort noch
Der rote Pfeffer.

Buson

Von irgendwo kam
Ein welkes Blatt geflogen:
Da ist es Spätherbst.

Shiki

Auf kahles Astwerk
Hat sich die Krähe niedergesetzt:
Des Herbstes Abend.

Bashô

Ach, wie begrenzt sind
Des Lebens Mußestunden –
Und es wird Spätherbst.

Buson

Der Herbst wird tiefer
Und so sein Laub zum Kleide
Der Vogelscheuche.

Otsuyû

Der Sturm des Herbstes
Geht auf die Knochen sogar
Der Vogelscheuche.

Chô-i

Die Feldheuschrecke
Im Bauch der Vogelscheuche
Gerufen hat heut!

Issa

Wenn ich halt gehe,
Von weitem mit mir Schritt hält
Die Vogelscheuche.

Sanin

Dem Bergesecho
Das Ohr zuwendend lauscht dort
Die Vogelscheuche.

Dakotsu

Zu ihren Füßen
Stibitzt man die Bohnen weg
Der Vogelscheuche!

Yayu

Im schönsten Vollmond
Steht da, als sei er gar nichts,
Die Vogelscheuche!

Issa

Selbst vor dem Kaiser
Nimmt doch den Strohhut nicht ab
Die Vogelscheuche!

Dansui

In meinem Alter
Bin vor der Vogelscheuche
Sogar ich schüchtern.

Issa

Der Winter kam schon:
Denn auf die Vogelscheuche
Setzt sich die Krähe.

Kikaku

Wir wurden freund uns
Und müssen uns nun trennen,
Wir Vogelscheuchen!

Izen

So wie sie dasteht,
Gibt sie auch ihren Geist auf,
Die Vogelscheuche.

Hokushi

Wo er sich gabelt,
Dort brauen nun die Nebel
Am Bach im Felde.

Shira-o

Die Nebel kamen,
Die Berge schwanden langsam,
Allein der Turm blieb.

Shiki

Die Abendnebel
Erinnern mich von ferne
An alte Zeiten.

Kitô

Vom Feld mit Raps nun
Im Frost der Nacht ganz flüchtig
Der Schrei des Hirsches.

Buson

Es rief inbrünstig
Mit dumpfer Stimme trauernd
Der Hirsch zur Nachtzeit.

Bashô

Es röhrte dreimal
Und ward nicht mehr vernommen
Der Schrei des Hirsches.

Buson

Zum Klang der Glocke
Und Ruf der Wasservögel
Die Nacht herabsinkt.

Issa

Am Fluß dort unten
Vom Netzewurf das Klatschen
Bei trübem Mondlicht.

Taigi

Ein Vogel schrie auf,
Und dunkler rauscht das Wasser
Nun um die Reusen.

Buson

Die Graugans fällt ein
Und ihr Geschrei häuft sich nun:
Die Nacht wird kälter.

Kyoroku

Sogar den Schwingen
Läßt sich entnehmen, wie kalt
Die helle Mondnacht.

Seira

An Hals und Nacken
Der Wildgans hängt schon herab
Der Reif der Nächte.

Rotsû

Die Wildgans schreit, ach,
Am Strand beim Übernachten
Ins Wellenrauschen.

Getto

Oh, Graugans, Graugans,
Vor wieviel Jahren gingst du
Zuerst auf Reisen?

Issa

Die Einsamkeit, ach,
Ist Tag für Tag das Leben
Von Wandergänsen.

Takako

Die Graugans schreit nun
Und fliegt mit leisem Pfeifen
Im Schutz der Nacht fort.

Ryôta

Mit einem Striche
Die Wildgans dort am Bergkamm
Dem Mond sich einschreibt.

Buson

Die Graugänse fort
Und vor der Tür die Felder
Erscheinen ferner.

Buson

Einsam der Abend,
Als Schilfrohr über Schilfrohr
Die Helle fest hielt.

Chô-i

Im dürren Schilfrohr
Entzünden ihre Lichter
Die kleinen Boote.

Shiki

Das dürre Schilfrohr
Wird Tag für Tag gebrochen
Und fortgetrieben.

Rankô

Im Schilf am Wasser
Vom dort verborgnen Bleßhuhn
Die leisen Tritte.

Kyoshi

Das Bleßhuhn ruckte
Und in dem Rhythmus eilen,
Sieh nur, die Wolken!

Issa

Mit welchem Ernst mich
Die Uferschnepfe ansah
Am späten Abend.

Issa

Zerknicktes Schilfgras
Und dort vom blanken Weißfisch
Das schwache Graugrün.

Saimaro

In aller Stille
Bekämpfen sich die Krebse
Im Wasserpfeffer.

Hakyô

Selbst Schilfrohrblätter
Den Geistern auf der Reise
Als Flöte dienen.

Kyoshi

Von fern und nahe
Hör ich den Sturzbach rauschen:
Der Fall des Laubes!

Bashô

Ein Tempeltanz nachts:
Es stiebt ins Feuer hinein
Das rote Herbstlaub.

Issa

Dort auf dem See zieht
Im raschen Tanz vorüber
Der Fall des Herbstlaubs.

Shiki

Das Kakeblatt fällt
Dort in der Ferne laufend
Ins Buchweizenfeld.

Buson

Am Grund des Wassers
Legt auf die Felsen sich still
Das Laub der Bäume.

Jôsô

Wohl hundertjährig
Die Stimmung nun im Garten
Beim Fall des Laubes.

Bashô

Im Neumondlichte
Jahrtausendalte Zedern
Die Windsbraut umarmt.

Bashô

Dem kalten Winde
Dort völlig hingegeben
Am Grab die Kiefer.

Issa

Nach meiner Ansicht
Ist auch das Schattenreich solch
Ein Spätherbstabend.

Bashô

Der alte Hofhund
Macht sich als erster nun auf
Zum Gang ans Ahnengrab.

Issa

Das jüngste Kind, ach,
Beim Gang ans Ahnengrab doch
Den Besen mitschleppt.

Issa

Im Bambushaine
An einem stillen Platze
Das Totenopfer.

Seisei

Die Totenfeuer
So ungewöhnlich stürmisch
Im Wind der Kiefern.

Keishi

An Totenlampen
Sich wie von selber bildet
Die lange Lohe.

Yahan

Das Totenfeuer,
Das man löschte, im Dunkel
Von neuem auflebt.

Tatsuko

Grabhügel sei bewegt:
Meine Klagestimme ist –
Der Wind des Herbstes.

Bashô

Selbst wenn ich spräche,
Die kalten Lippen wären
Nur Wind des Herbstes.

Bashô

Am Grabe beten
Dort hinten nur die Hehren:
Die Pampasgräser!

Meisetsu

Vom Herbst, der scheidet,
Im Grase tief versteckt strömt
Der kleine Bach hin.

Shira-o

Ein Rebhuhn flog auf
Und der Mann fuhr zusammen
Auf dürrer Heide.

Issa

Die Irrlichter, ach,
Sind kindlichem Gemüte
Ein wildes Rankenwerk.

Seihô

In Herbst und Regen
Vom Pampasgras im Reisfeld
Die zwei, drei Wedel.

Dakotsu

Der Mond geht unter –
Berührt er und bewegt er
Die Pampasgräser?

Fukaku

Dem Herbst, der scheidet,
Das Pampasgras noch zuwinkt:
»Leb wohl, lebe wohl!«

Issa

Zum Winter

Ein Duft von Astern,
Obwohl in dieser Mondnacht
Der Winter eintrat.

Shiki

Als leichter Winter
Der Schatten des Tempeltors
Den Rasen betrat.

Sôkin

Oh, welche Stille:
Das welke Herbstlaub durcheilt
Ein Vogelrascheln.

Ryûshi

Die Sommergräser
Im Todeskampf am Kiesel
Des alten Feldwegs.

Shiki

Die dürren Gräser
Im feinen Regen rascheln:
Ein Meeresrauschen.

Hetsutenrô

Wenn es zu Fall kommt,
Dann fällt es schon wie es steht,
Das Gras im Garten.

Ryôkan

Im Gras des Winters
Das Grün der Vogelmiere
Und Löwenzahn noch.

Seison

Die Efeublätter
Mit vorwurfsvoller Miene
Im feinen Regen.

Buson

Wie tief erschöpft sieht
Im tiefen Wintergras doch
Der dürre Senf drein.

Sumi

Vom Löwenzahn stehn
Vergeßne Blüten dort noch
Am Weg im Rauhreif.

Buson

Beim alten Kloster
Die Glyzinen so elend
Im welken Blattwerk!

Buson

Am dürren Hopfen
Der Leichnam eines Falters
Sich aufgehängt hat.

Fûsei

Die Rosenblüte
Erstarb in diesen Tagen:
Oh, welche Kälte!

Shiki

Was noch zurückblieb
Am Wein vom dürren Blattwerk
Im Mondlicht laut wird.

Seikô

Beim Wiesenschaumkraut
Läßt doch der Wind nicht in Ruh
Das dürre Waldlaub.

Kigô

Die Efeuranken
Die Mauerquadern reiben
Im Wintersturmwind.

Chô-i

Die rote Beere
Fiel ganz allein nicht ab
Vom Frost im Garten.

Shiki

Vom Tee die Blüten,
Ob weiße oder gelbe,
Nun Küchenabfall!

Buson

In Winterastern
Sich kurze Zeit die Sonne
Zur Ruhe setzte.

Teijo

Die weißen Astern
Erröten schon ein wenig
Im Winterregen.

Shiki

Die Winterastern
Dort vor dem Fenster draußen
Schon dunkler werden.

Shûôshi

Die letzten Astern
In ihrem Rostbraun nun schon
Gealtert aussehn.

Takashi

Die welke Aster
Versengte der eine Tag
Des Sichverschwendens!

Haru

Vom ersten Froste
Besiegt und umgeworfen
Die Asternblüten.

Shiki

Vor meiner Klause
Von all den Astern blieb nur –
Die Chrysantheme.

Ransetsu

Die Astern verdorrt:
Die Hügel von Uëno
Nun stiller werden.

Shiki

Nach den Astern, ach,
Ist dort beim Rettich draußen
Nichts weiter mehr los.

Bashô

Am Tor aus Reisig
Im Morgengrauen Krähen?
Das erste Nieseln.

Sôchô

Vom neuen Stroh nun
Auf meinem Dache Tropfen
Vom ersten Nieseln.

Kyoroku

Im neuen Garten
Sogar die Steine stiller
Im ersten Nieseln.

Shadô

Am Wall aus Quadern
Der Duft vom Winterveilchen,
Als wir uns trennten.

Saisei

Die Winterveilchen,
Als ich zum Feld zurücksah,
Von Regen triefend.

Ryôshi

Ach, welch ein Kummer:
Im Nieselregen färbt ab
Der Gruft die Inschrift.

Rôka

Das Nieseln färbte
Die Bäume nun noch schwärzer –
Und was noch, was noch?

Saimaro

Das, was vor Augen,
Sieht aus wie längst vergangen
Im Nieselregen.

Buson

Die Winterbäume
Von alten, alten Zeiten
Ein Widerhall sind.

Issa

Der scharfe Windstoß
Läßt nicht zu Boden fallen
Den Nieselregen.

Kyorai

Im Teich die Sterne
Erzittern nun schon wieder
Vom Nieselregen.

Hokushi

Des Winters Sterne
Ein Rechenbrett der Geister,
Das so geheimnisvoll.

Kusadao

Zum Abendnieseln
Im gedämpften Unkenruf
So tief die Trauer.

Buson

Vom alten Angler
Die Leidenschaft so zähe
Im Abendnieseln.

Buson

Es nieselt leise
Und der Alte und ich nachts
Uns ähnlich werden.

Buson

Die Lorbeerwurzeln
Durchnäßt in aller Stille
Der Nieselregen.

Buson

Auf meinem Schirme
Aus dieser hellen Mondnacht
Das Winternieseln.

Shôha

Dem alten Schirme
Ist diese Welt und Mondnacht
Nur Nieselregen.

Buson

Für eine Zeitlang
Von Schnee und Regen durchnäßt
Der ganze Wald nun.

Teijo

Im alten Teiche
Versank die Strohsandale
Bei Schnee und Regen.

Buson

In das Alleinsein,
Das bodenlos geworden,
Fällt Schnee mit Regen.

Jôsô

Im trocknen Sturmwind
Vom Schilf die Fetzen fliegen
Zum Schlamm am Strande.

Bonchi

Das Bambusblatt streift
Ganz flach am Winterabend
Der Schein der Sonne.

Izen

Zum unberührten Schnee
Der Bambus sich niederbeugt
Im fahlen Mondlicht.

Seira

Im Moor am Tümpel
Am leicht vereisten Ufer
Ein Haubentaucher.

Kitô

Vom Haubentaucher
Der Schnee nur tropfenweise
Zum Teich hinabrinnt.

Getto

Wenn Schilf gemäht wird,
Mäht man die Schranken um
Dem stillen Taucher.

Shûbôshi

Das Schilfgras welkt hin:
Das Kälterwerden läßt sich
Mit Augen sehen.

Issa

Heut nacht im Regen
Lärmt doch, obwohl es welk ist,
So laut das Schilfgras.

Issa

Das dürre Schilfgras:
»Vor alters hauste hier, ha,
Die alte Hexe!«

Issa

Beim ersten Schneien
Das Meer ein wenig ferner –
Doch wo die Berge?

Shiki

Im ersten Schneefall
Die Blätter der Narzisse
Sogar sich krümmen.

Bashô

Der erste Schnee, ach,
Wird wieder, wenn er hinschmilzt,
Zu Tau auf Gräsern.

Buson

Zum ersten Schneien
So laut der Unglücksrabe
Ins Mondlicht krächzte.

Issa

Auf Entenflügel
Der zarte Schnee sich häuft:
Oh, diese Stille!

Shiki

Am kahlen Baume
Fand sich des Nachts ganz heimlich
Der Schnee zur Kiefer.

Ryôta

Zu Mond und Schnee noch
Dort draußen Nebelschwaden
Im Morgenzwielicht.

Michihiko

Die sonst verhaßte,
Die Krähe im Schnee sogar
Am frühen Morgen!

Bashô

Die Kritzelei, ach,
An der Wand dort dauert mich
Im Schnee heut morgen.

Buson

Auf Buddhas Scheitel
Häuft sich der Schnee und senkt sich
Des Winters Krähe.

Getsurei

In aller Stille
Hat sich der Schnee gehäuft
Schon drei, vier Zoll dick.

Shiki

Sogar den Pferden
Schaut man verwundert nach, ach,
Im Schnee am Morgen.

Bashô

Im tiefen Winter
Vom Brunnen Nebelschwaden
Am frühen Morgen.

Saisei

So klamm die Finger,
Daß ich den Besen stehn ließ
Am Stamm der Kiefer.

Taigi

Selbst vor den Brunnen
Hat doch ein Schloß gehängt nun –
Die Winterkälte!

Issa

Nur tropfenweise
Das tiefe Rot der Sonne
Beim Rettichziehen.

Bôsha

Beim Rettichziehen
Ganz tief herabgekommen
Der Schrei des Bussards.

Kijô

Der Rettichzieher
Den Weg mit einem Rettich
Zu zeigen pflegte.

Issa

Im alten Garten
Huscht mitten im Schnee dahin
Das flinke Wiesel.

Shiki

Der Zaunkönig dort
Im Durchschlupf des Hundes doch
Ganz rasch entwischte.

Issa

Nach Löffelenten
Das Wiesel nun Ausschau hält
Am alten Weiher.

Buson

Der Winter rauh, ach,
Und kleine Vögel suchen
Im Feld den Lauch ab.

Buson

Am letzten Wasser,
Das nun auch bald zu Eis wird,
Ein Zaunkönig noch!

Isensui

Ein Flatterhörnchen
Den kleinen Vogel auffrißt
Auf kahlem Felde.

Buson

Auf Feld und Hügel
Regt sich kein lebend Wesen
Im Schnee des Morgens.

Chiyo-ni

Nun Feld und Hügel
Vom Schnee so ganz umfangen
Und sonst nichts weiter.

Ryôta

Im Musashi-Feld
Da rührte nichts, auch gar nichts
An meinen Strohhut.

Bashô

Im Schnee des Ackers
Von einem braunen Hasen
Des Ohres Schatten.

Chihaku

Der Schnitt ließ stehen
Vom Pampasgras die Stoppeln
Im hohen Schnee dort.

Shiki

Von allem, was fliegt,
Nichts weiter als die Wolken
Dort auf dem Felsen.

Bashô

Für lange Zeit nun
Der Fluß ein grader Strich nur
Im Schnee des Planes.

Bonchô

Der Fluß im Winter
Und für die vier, fünf Enten
Nicht genug Wasser.

Shiki

Am Fluß im Winter,
Wer zog und warf sie nur fort,
Die rote Rübe?

Buson

Der Fluß im Winter
Vom weggeworfnen Hunde
Den Leichnam forttreibt.

Shiki

Den Fluß im Winter
Die Opferblumen Buddhas
Geschwommen kommen.

Buson

Des Winters Wogen
Nehmen alle mit sich fort
Des Winters Wogen.

Seishi

Es schwang sich empor,
Als sich die Woge senkte,
Ein Regenpfeifer.

Yahan

Vorm Sonnenrade
Da fliegt ein Edelstein auf:
Der Regenpfeifer!

Bôsha

In Wogenkämme
Gemischt, fliegt in der Ferne
Ein Regenpfeifer.

Tôyôjô

Im Fluge durchstieß
Das Licht vom Boot am Abend
Der Regenpfeifer!

Kitô

Wo Wogen steigen,
Schwebt auf und ab dort hinten
Ein Regenpfeifer.

Kishû

Die Spur der Füße
Vom Regenpfeifer, da sieh nur,
Im Nu erloschen.

Tomojirô

Auf meinem Heimweg
Des Tages Dunkelwerden
Auf kahler Heide.

Mokudô

Ein Vogel flog auf
Und das Saumpferd ward scheu
Im Moor des Winters.

Shiki

Der eine Vogel
Als Weggenosse um mich
Auf kahler Heide!

Senna

Wie so vereinsamt
Beim Findling die Sonne sinkt
Auf kahler Heide.

Buson

Es glänzt und funkelt
Am Stein der Schein der Sonne
Auf kahler Heide.

Buson

Vom Großen Buddha
Am Berg die Wintersonne
Die Gegengabe –

Tatsuko

Am Schwanz des Pferdes
Noch wilde Rosen hängen
Aus kahler Heide.

Buson

Vom Moor das Irrlicht
Am Totenkopf im Regen
Sich nachts versammelt.

Buson

Vom schwanken Irrlicht
Fing ganz allein Feuer doch
Das dürre Schilfgras.

Buson

Der stumme Würger
Mit viel Geschick am Abend
Die Wipfel schüttelt.

Chô-i

Am Berg beim Gasthof
Der Kauz gerufen hat nun
Zur späten Mahlzeit.

Kyoshi

Ein Krammetsvogel
Hat völlig erschöpft geschrien
Im Schnee des Abends.

Arô

Vom Topp des Mastes
Mit schrillem Schrei herabstürzt
Des Winters Würger.

Seishi

Im düstern Monde
Am schmalen Bach die Enten
Mit Flügeln schlagen.

Shûôshi

Der Schrei der Schneegans
Im Wind am Vorgebirge
So langsam hinstirbt.

Otsuji

Das Moor liegt trocken,
Und Wölfe durchqueren es
In heller Mondnacht.

Kijô

Das Spinnrad surrte
Und Füchse bellten nachts
Ununterbrochen.

Roshi

Am Winterabend
Kam doch die Nadel mir fort,
Ach, wie entsetzlich!

Baishitsu

Als tiefes Schwarzblau
Die See im Winter sich zeigt
Dort zwischen Häusern.

Kyoshi

Ein schwarzes Segel
Zieht in der Nähe heimwärts
Am Winterabend.

Seishi

Der See verdämmert,
Und das Gequak der Enten
Ein schwaches Weiß nur.

Bashô

Am blauen See ziehn
Aus tief verschneiten Bergen
Die Vögel heimwärts.

Shiki

Der eine Windstoß
Ließ doch die Wasservögel
Viel weißer aussehn.

Buson

Der Schrei des Kranichs
Um diese Zeit am Himmel
Auch still geworden.

Shiki

Eiskalt die Nacht nun,
Und in den See stürzt sich dort
Des Sturzbachs Rauschen.

Kyokusui

Der Sturzbach winters,
Wenn die Sonne zurückweicht,
Sein Tosen ändert.

Sanki

Der Klang des Strudels
Wurde zwei-, dreimal anders
Im Frost des Abends.

Shiki

Im Wintermondlicht
Der Wind am Fluß die Felsen
Nun schabt und hobelt.

Chora

Vom kalten Sturmwind
Die Felsen blank geblasen
Dort bei den Zedern.

Bashô

Des Winters Öde:
Die Welt von *einer* Farbe
Im Windesrauschen.

Bashô

Vom Meer erhob sich
Und kam der Sturm zurück nun,
Der ohne Stätte.

Seishi

Die Winterstille
Vom Dröhnen des Wogenpralls
Laut widerhallte.

Mantarô

Beim Naseschneuzen
Ward selbst der Sturmwind schneeweiß
Heut früh im Winter!

Shô-i

Der Sturm des Winters
Am Felsen sich zerspaltet:
Des Wassers Brüllen.

Buson

Der eine Fetzen
Von Winterwoge plötzlich
Die Bucht verdeckt hat!

Sujû

Vom Rand der Klippe
Der Adler weggeblasen
Im Wintersturme!

Ryôta

Es schält sich Austern
Bei Licht am Fluß die Ente
Im Sturmesbrausen.

Kyoshi

Vom Wintersturme
Verblieb am Ende doch nur
Das Meeresrauschen.

Gonsui

So sanft und ruhig,
Nachdem der Sturm zu Ende,
Der Sonnenaufgang!

Shiki

Im Morgengrauen
Das Schnauben der Wale nur
Ein Meer des Frostes.

Gyôdai

Zum Fischplatz ziehen
Am frühen, stillen Himmel
Die Möwen kreischend.

Otsuji

Die Wintermöwen –
Im Leben ohne Zuhause,
Im Tode ohne Grab.

Shûson

Dort auf dem Dache
Die Leute Feuer sehen:
Der Mond des Winters.

Shiki

Durch rauhe Sturmnacht
Rollt dort am Firmament hin
Der Mond ganz einsam.

Meisetsu

Bar jedes Freundes,
Auf die Heide geworfen,
Des Winters Mondlicht.

Roseki

Im Mondschein draußen
Doch durch die Dezembernacht
Noch Leute gehen.

Shiki

Viel Regenschirme
Sind noch vorbeigegangen
Im Schnee des Abends.

Hokushi

Zum Wintermondlicht
Das vergebliche Rufen
Des blinden Knaben.

Issa

Im tiefen Winter
Viel Wasser auf den Wegen
Und gar kein Mondschein!

Katsumi

Den Hund zu werfen,
Ist nicht einmal ein Stein da
Im Wintermondlicht.

Taigi

Im Wintermondschein,
Als ich so ganz allein ging,
Der Klang der Brücke.

Taigi

Vom Wintermondlicht
Des Leichensteines Schatten,
Der Kiefer Umriß.

Shiki

Im Frost der Würger
Am Grabe laut gekreischt hat,
Der dort allein haust.

Dakotsu

Zu Frost und Mondschein
Die kleinen Kiesel spüren
Unter den Sohlen.

Buson

Als leises Rieseln
Im Bambus ein Rauschen geht:
Der Schnee des Abends.

Shiki

Ein Regenschirm nur,
Ein einziger ging vorbei
Im Schnee des Abends.

Yaha

Mit lautem Raspeln
Das Pferd doch am Strohwisch frißt
Im Schnee des Abends.

Kyûkoku

Obwohl doch Schnee liegt,
Die Berge so purpurrot
Im Abendlichte.

Shiki

Vom alten Bergpaß,
Dem völlig eingeschneiten,
Der Schrei des Hirsches.

Shiki

Sie lauschte heimlich
Auf die geheime Stimmung
Im Ruf des Hirsches.

Buson

Der Kupferfasan
Den Holzhauer irreführt
Im tiefen Schnee drin.

Shikô

Im tiefen Schnee sieht
Der Weg, den ich kam, dem hier
Doch völlig ähnlich.

Kusadao

»Der alte Weg, ja«,
Das hörte ich mit Freuden
Im Schnee der Heide.

Buson

Im Bergdorf türmt sich
Der Schnee, und unten gurgelt
Des Wassers Rauschen.

Shiki

Vom Bergpaß oben
Kommt jemand noch herunter
Im dichten Schneesturm!

Shiki

Die elf Berittnen
Selbst das Gesicht nicht wenden
Im Schneegestöber!

Shiki

Verschloßne Türen
An all den vielen Häusern:
Das Dorf im Winter.

Shiki

Das ganze Dorf liegt
Nun allem Anschein nach
Im Winterschlafe.

Shiki

Da diese Pforte:
Im Schlüsselloche steckt nur
Das Wintermondlicht!

Kikaku

An einem Schneetag
Von Leuten aus der Heimat
So kühl empfangen.

Issa

Im hohen Alter
Da wird man eingeladen:
Oh, diese Kälte!

Issa

Die reife Schönheit
Erblüht im hohen Alter
Am Sicherinnern.

Bashô

Wenn ich still stünde,
Dann fiele wohl noch mehr Schnee
In meinen Nachtgang.

Kitô

»Es ist doch mein Schnee«,
Wenn ich das denke, wird mir
Der Strohhut – leichter.

Etsujin

Wenn ich Wein tränke,
Dann schliefe ich noch mehr nicht
In dieser Schneenacht!

Bashô

Auf schmalem Wege
Entschwindende Stimmen noch:
Gebet des Winters.

Buson

Im weißen Schnee, horch,
Dort haust nur eine Stimme:
Des Winters Andacht –

Ryôta

Zum Paradiese
Der nächste Weg ist manches –
Gebet des Winters.

Buson

Voll Winterruhe
Reiht sich auf weitem Plane
Das kleine Buschwerk.

Issa

Die Wolken gucken
Zum Loch im Fenster herein
Voll Winterruhe.

Shiki

So hin und wieder
Sich den Wacholder anschaun
In Winterruhe.

Bashô

Am goldnen Wandschirm
Das Alter der Kiefer dort
In Winterruhe.

Buson

In Winterruhe
Das Werden und Vergehen
Mich finster anstarrt.

Shiki

Der Klang der Laute
Ließ so bezaubernd hören
Die Winterruhe.

Shiki

Sogar das Licht steht
Ganz unbewegt und kreisrund:
Die Winterstille.

Yaha

Ganz unabsichtlich
Zur Winternacht den Nachbarn
Erzählen hören.

Kikaku

Die alte Säge
Ein Klang aus Armut nur, ach,
Tief nachts im Winter.

Buson

Vom alten Wachslicht
Die Tränen Eis geworden
Und nachts ein Reiher.

Bashô

Am Lampenlichte
Ließ den vereisten Pinsel
Ich nachts versengen.

Tairo

Das Öl nur Eis noch,
Der Lichtschein dünn geworden,
Als ich erwachte!

Bashô

Das Jahr verdämmert:
Doch Hut und Schuh aus Stroh
Trag ich wie immer.

Bashô

Im Wanderkleide
Ein Kranich im Winterregen:
Der Meister Bashô.

Chora

Vom Wandern schwer krank:
Ein Traum, der dürre Heide
Im Kreise durchirrt.

Bashô

Zum Gang am Abend
Der Abschiedsgruß des Jahres:
Das leise Schneien.

Shara

»Wuff, wuff! Nun geh doch!
Los, geh!« sogar der Hund blafft
Zum Jahresabschied.

Issa

Silvesterfeier:
Dort auf dem niedren Tischlein
Das Geld von Muttern.

Hakyô

Im trauten Kreise
Sogar der Kater Platz nahm
Zum Jahresabschied.

Issa

Beim Jahresabschied
Verbarg das weiße Haar ich
Vor meinen Eltern.

Etsujin

Kälter als Schnee noch
Liegt auf dem ergrauten Haar
Der Mond des Winters.

Jôsô

So alt zu werden,
War nicht von mir erwartet –
Die Glocken läuten.

Jokun

Sei es, wie es will,
Mein Herr, ergeben Sie sich
Ins Jahresende!

Issa

Nun geht das Jahr hin
Und alle Dinge mit ihm:
Und was noch, was noch?

Sôin

Kommt, laßt uns schlafen,
Ist doch der Neujahrstag erst
Ein Ding von morgen.

Buson

Als ich das Licht losch,
Der Neujahrstag das Wort nahm
In meiner Klause.

Shiki

Aus der Klause kommt
Eine zahnlose Stimme:
»Das Glück ist innen...«

Issa

Anhang

Nachwort

Wer weiter nichts als die Kreaturen erkennte, der
brauchte an keine Predigt zu denken, denn jegliche
Kreatur ist Gottes voll und ist ein Buch.

Meister Eckehart

Der Pflege des Gedichtes widmen sich in Japan nicht nur,
wie heutzutage bei uns, einige wenige Literaten, sondern –
vom Bauern bis zum Kaiser aufwärts – mehr oder minder
alle Schichten des Volkes. Dabei geben die weitaus meisten
Japaner, trotz der in den letzten Jahrzehnten unternom-
menen Versuche, das japanische Gedicht an ausländischen Vor-
bildern zu orientieren, immer noch den altüberlieferten Ge-
dichtformen ihres Landes den Vorzug: nämlich dem fünf-
zeiligen Tanka oder dem von ihm abstammenden dreizeili-
gen Haiku.

Dies geschieht nun allerdings in einer für unsere Begriffe
unvorstellbaren Breite und mit einem solchen Eifer, daß al-
lein die Freunde des Tanka annähernd fünfzig Monatsschrif-
ten unterhalten, in denen sie, nach vorsichtiger Schätzung,
im Laufe eines Jahres etwa 240 000–250 000 Fünfzeiler zu
veröffentlichen pflegen. Etwas über fünfzig Monatsschrif-
ten aber stehen den Freunden des Haiku zur Verfügung, in
denen diese monatlich ungefähr 80 000 Dreizeiler drucken
lassen, so daß also jährlich nahezu eine Million Haiku das
Licht der Öffentlichkeit erblicken dürfte. Diese außeror-
dentlich rege Anteilnahme erheblicher Teile des japanischen
Volkes an der Überlieferung seiner Lyrik bringt es mit sich,
daß eine unerwartet große Anzahl von Japanern der Vers-
kunst ihres Landes ein hohes Maß an Kennerschaft und Ver-
ständnis entgegenbringt und ihr nicht, wie bei uns so viele
Leute, mit Unkenntnis und Verständnislosigkeit begegnet.

Von diesen beiden Gedichtformen tritt uns das Tanka be-
reits im *Manyoshu*, der ältesten Gedichtsammlung Japans
(um 760), voll ausgeprägt entgegen, wie es der folgende

Fünfzeiler des Garnisonskommandanten Ôtomo-no-Suru-gamaro (gest. 776) zeigt:

> Die Nebel steigen
> Beim Dorfe von Kasuga
> Um Pflaumenblüten…
> Ach, daß im Föhn der Berge
> Sie niemals sich zerstreuten!

Dabei verteilen sich, wie ersichtlich, die einunddreißig Silben dieses Gedichtes so auf seine fünf Verszeilen, daß von der ersten und dritten Verszeile je fünf und von der zweiten, vierten und letzten je sieben Silben gebunden werden. Dementsprechend ergibt sich für die Gedichtform des klassischen Tanka das folgende Aufbauschema:

$$5 + 7 + 5 + 7 + 7$$

In dieser knappen und strengen Form hat sich nun das Tanka oder Kurzgedicht der Frühzeit bis heute – also über tausend Jahre – immer wieder in Japan zu behaupten gewußt.

Weil aber das Tanka schon sehr früh auch zwei Dichter als Verfasser haben konnte, unterschied man an ihm alsbald eine Oberstrophe von einer Unterstrophe. Die Oberstrophe, auch Hokku oder »Anfangsstrophe« genannt, wurde in diesem Fall von den ersten drei Verszeilen (5 + 7 + 5) und ihren siebzehn Silben gebildet, während man die Unterstrophe, auch Matsuku oder »Schlußstrophe« genannt, aus den beiden letzten Verszeilen (7 + 7) und den ihnen verbliebenen vierzehn Silben setzte. Dabei wurde das Hokku von dem einen und das Matsuku von dem andern der beiden Dichter verfaßt. Ein solches Tanka wurde hier und dort als Tanrenga oder »Kurzkettengedicht« bezeichnet, meistens aber hieß man es Waka oder »Antwortgedicht«.

Bei seiner lebhaften Neigung zur Geselligkeit ging der Japaner sehr bald dazu über, mehrere solcher Waka miteinander zu verknüpfen. Wenn er nämlich in einem größeren Kreise zusammensaß, so begann bisweilen einer der Anwesenden damit, ein Hokku zu dichten, um es, wie einen Ball, unter die übrigen Anwesenden zu werfen, damit einer von ihnen es auffange und zu ihm ein entsprechendes Matsuku, den ergänzenden Schlußvers also, hinzudichte. War das geschehen, so erfand einer der anderen Teilnehmer der betreffenden Gesellschaft wieder einen neuen Dreizeiler, der sich möglichst sinngemäß an das soeben fertig gewordene Waka anschloß, um alsdann von einem der Anwesenden wiederum aufgefangen und durch ein Matsuku ergänzt zu werden. Dieses Spiel konnte, zur Belustigung und Erheiterung aller, beliebig lange fortgesetzt werden. Das Gedicht, das auf solche Weise zustande kam, nannte man gemeinhin Haikai-renga oder »Scherz-Kettengedicht«.

Dieses Haikai-Renga war in der Kamakura- und Muromachi-Zeit (1185–1333 und 1394–1573) sehr beliebt und daher ganz besonders im Schwange. Seine Übung führte jedoch mit der Zeit dazu, daß man immer mehr darauf bedacht war, die Stimmung eines Lebensaugenblicks in die drei Zeilen des nur siebzehn Silben zählenden Hokku zu bannen, bis man schließlich dazu überging, das Hokku selber zu einer in sich abgerundeten, selbständigen Form der lyrischen Aussage zu machen. Die ersten Schritte dazu wurden im Anfang des 13. Jahrhunderts unternommen, und zwar in jenem Dichterkreis, der auf Geheiß des damaligen Kaisers Gotoba (1180–1239) eine neue amtliche Tanka-Sammlung, das *Shin-Kokin-Wakashu*, zusammenzustellen hatte. Von dem führenden Kopf dieses Kreises, Fujiwara-no-Sadaiye (1162–1242), dem damaligen Leiter des Hofamtes für Dichtung, der noch heute als einer der größten Tanka-Dichter Japans gilt, sind uns eine Reihe Hokku erhalten geblieben, wie dieses:

> Verstreute Blüten
> Jagt vor sich her und holt ein
> Der jähe Sturmwind!

Obwohl diesem Hokku noch nicht das Ausmaß an Tiefe innewohnt, das den Hokku späterer Zeiten zu eigen ist, läßt es uns doch in dem Bilde einer Sturmbö, die eine Schar verwelkter Blüten vor sich hertreibt, etwas von der unaufhaltsamen Vergänglichkeit spüren, die selbst den blütenreichsten Frühlingstag durchwaltet. Dabei wird diese ganze Stimmung in die siebzehn Silben des klassischen Hokku eingefangen, dessen knappe Form das folgende, bis heute gültige Aufbauschema hat:

$$5 + 7 + 5$$

Diese Gedichtform war während der nächsten zweieinhalb Jahrhunderte, abgesehen von einigen Dichterkreisen, nur bei einer Reihe von Staatsmännern und Hofleuten, Kriegsherren und Samurai beliebt; sie wurde von ihnen vornehmlich für Billette an Freunde und Geliebte verwandt, wobei ihre Kürze ihr sehr zustatten kam und gern zu einem Wortspiel mit seinem Witz und Scherz verführte. Erst um die Mitte des 15. Jahrhunderts begann das Hokku dann gegenüber dem Haikai-Renga, das zu der Zeit unter Iio Sôgi (1421–1502), dem größten Renga-Meister Japans, gerade seine höchste Blüte erlebte, langsam an Boden zu gewinnen, bis es schließlich, neben dem Tanka, zur bevorzugten Gedichtform der Japaner wurde. Auf dem Wege dahin nahmen sich, wie leicht verständlich ist, vor allem zwei Meister des Haikai-Renga seiner ganz besonders an: nämlich Yamazaki Sôkan (1465–1553) und Arakida Moritake (1473 bis 1549).

Eines der bekanntesten Hokku von Sôkan, der unter Ikkyû (1394–1481) in die Lehre des Zen-Buddhismus eingeweiht wurde und bald danach die Stellung eines Zen-Priesters versah, lautet:

> Zum Mond den Griff noch
> Und, wenn dann gut befestigt,
> Welch runder Fächer!

Im Gegensatz zu dem Dreizeiler von Fujiwara-no-Sadaiye, der eine Stimmung zum Ausdruck bringt und damit das Gemüt anspricht, wendet sich dieser an den Witz des Verstandes, indem er ihn dazu aufruft, sich den am Himmel ste-

henden Mond als Rund eines Fächers vorzustellen, der uns,
mit einem Griff versehen, an einem schwülen Sommer-
abend Kühlung zufächelt. Mag der Einfall, das Rund des
Mondes für einen Fächer zu nehmen, uns auch im ersten
Augenblick verblüffen, so fesselt er uns doch nicht lange,
weil es ihm an der Kraft gebricht, eine Stimmung in uns
hervorzurufen, die uns gefangennimmt und eine geraume
Weile in uns nachklingt. In diesen Versen Sôkans meldet
sich zudem eine Richtung der Hokku-Dichtung zu Wort,
die in ihr bald darauf eine Zeitlang das Feld behaupten sollte
und deren Hauptvertreter Matsunaga Teitoku (1571–1654),
Yasuhara Teishitsu (1610–73) und Nishiyama Sôin (1605
bis 1682) waren. Was aber bei Sôkan noch als geistreicher
Einfall wirkt und für einen Moment unsere Einbildungs-
kraft zu beschäftigen vermag, wird bei seinen Nachfolgern
bald zu einem bloßen Spiel mit Bildern und Worten, das je-
der dichterischen Stimmung entbehrt, und weist uns damit
auf eine Gefahr hin, der die Hokku-Dichtung immer wieder
ausgesetzt ist: nämlich die des Abgleitens ins pure Wort-
spiel, ja den platten Kalauer ohne tieferen Sinn.

Dagegen vertritt Moritake, der als Shinto-Priester am
inneren Ise-Schrein Dienst tat, eine Kunst des Hokku, die,
wie der folgende Dreizeiler dartut, von Frömmigkeit
durchdrungen und verinnerlicht ist:

> In Windenblüten
> Trat heute mir vor Augen
> Das eigne Leben.

Indem Moritake uns in den zarten Blütentrichtern einer Ak-
kerwinde, die sich im Lichte der Sonne entfärbt und lang-
sam dahinzugilben beginnt, das verschwiegene Stirb und
Werde des Lebens selber vor Augen stellt, regt er in uns die
Stimmung des beständigen Abschiednehmens an und ge-
mahnt uns dadurch an die eigene Hinfälligkeit. Damit aber
schlägt er nicht nur den Grundakkord des buddhistischen,
sondern jedes echten Frommsinns an, der uns auch in einem
anderen seiner Dreizeiler entgegentritt:

Als ob zum Zweige
Im Fall die Blüte heimkehrt...
Es ist ein Falter!

Hier flattert zum Fall der Blüte, in dem sich die Zeitlichkeit
der Schöpfung offenbart, ein Falter herbei, als kehrte die
Blüte im Gaukelflug zu ihrem Zweig zurück. Doch ist der
Falter, wie auch in der Antike des Abendlandes, die Seele ei-
nes längst Verstorbenen, die sich mit leichtem Flügelschlag
dem Fall der Kirschenblüte beigesellt: ein Bild erneuter Ver-
gänglichkeit und flüchtiger Wiedergeburt.

Indes blieb diese Art Dreizeiler vorerst ohne Nachfolge,
tummelten sich doch die ersten Anhänger der Hokku-Dich-
tung in der Zeit nach Moritake und Sôkan mit sichtlichem
Behagen auf dem weiten Feld des bloßen Spieles mit Bil-
dern und Worten, zumal es dort, wie ein Hokku auf den
Anfang des Jahres des Ochsen[1] von Teitoku zeigt, genug
Möglichkeiten für Witz und Zweideutigkeit gibt:

Es troff heute früh
Vom Eiszapfen, ach, der Speichel
Vom Jahr des Ochsen.

Hatten die Verse Sôkans uns dazu aufgefordert, zwei völlig
wesensfremde Bilder, wie die von Mond und Fächergriff,
zu einem Rundfächer zu vereinigen, so muten uns die Verse
Teitokus zu, einen tropfenden Eiszapfen als speicheltriefen-
des Maul eines Ochsen zu sehen, wobei das die Verbindung
stiftende Zwischenglied einzig und allein der Name des ge-
rade beginnenden Jahres ist. Daß bei einer solchen Strapa-
zierung der Einbildungskraft jede lyrische Stimmung aus-
bleibt, bedarf keiner Erwähnung.

Dennoch bildete sich bereits damals die feste Regel aus,
daß jedes Hokku ein Wort wie »Frühlingswind« oder

1 In Japan werden die Jahre nach chinesischem Vorbild im Sechziger-Zyklus
gezählt, der sich aus Kombinationen der zwölf Stundenzeichen: Ratte, Och-
se, Tiger, Hase, Drachen, Schlange, Pferd, Schaf, Affe, Hahn, Hund und
Eber zusammensetzt.

»Herbststurm« zu enthalten habe, das auf die Jahreszeit (*ki*) hinweist, von der es seine Grundstimmung empfängt. Diese Regel gilt bis auf wenige Ausnahmen auch heute noch, und Wörter, aus denen man die Jahreszeit eines Hokku ersehen kann, heißen seitdem Kigo oder »Jahreszeitenwörter«. Dabei können sie die betreffende Jahreszeit entweder unmittelbar angeben, wie es z. B. die Wörter »Frühlingsregen«, »Sommerbäume«, »Herbstabend« und »Winterruhe« tun, oder aber auch nur mittelbar, wie es etwa durch die Wörter »Pflaumenblüte«, »Bauernrosen«, »Asternblüte« und »Kiefernzweige« geschieht. Außerdem fällt ihnen aber auch die Aufgabe zu, uns in die Grundstimmung der Jahreszeit zu versetzen, zu der das Hokku gehört, um dadurch in unserer Phantasie all jene Bilder und Gedankenverbindungen (*rensô*) aufleuchten zu lassen, durch die das Hokku, trotz seiner Kürze, schließlich die gehörige Weite und Fülle gewinnt. Und so hängt denn in der Hokku-Dichtung alle Meisterschaft davon ab, daß es dem Dichter gelingt, mit den wenigen Worten, die ihm die siebzehn Silben des Dreizeilers zugestehen, jene Bilder und Gedankenverbindungen heraufzubeschwören, die durch ihre natürliche Fügung eine in sich geschlossene lyrische Stimmung von einheitlicher Bildkraft zu erzeugen vermögen. Je unvermittelter dabei die Dinge zu uns reden, um so mehr hat es der Dichter verstanden, ohne das Dazwischentreten des reflektierenden Verstandes den Dingen seine Worte zu leihen. Solche Meisterschaft des Wortes aber wurde in der Hokku-Dichtung erst von ihrem Altmeister Bashô erreicht.

Matsuo Bashô, der eigentlich Matsuo Munefusa hieß, wurde 1644 als Sproß eines alten Samurai-Geschlechtes in Uëno geboren. Er verfaßte bereits im Alter von neun Jahren seinen ersten Dreizeiler im Zeitstil von Teitoku, Teishitsu und Sôin. Während seiner Jugendjahre erlernte er zusammen mit Tôdô Yoshitada, dem er als Edelknabe diente, bei dem Renga-Meister Kitamura Kigin (1624–1706), einem Schüler des Teitoku, die Kunst des Haikai-Renga. Nach dem plötzlichen Tode seines jungen Herrn und Freundes kehrte er seinem Heimatdorf den Rücken und ging 1666 für einige Zeit nach Kyôto ins Kloster, um sich dem Studium des Zen-Buddhismus hinzugeben. Bald danach widmete er sich dann bei seinem Lehrer Kigin dem Studium des Hokku, für das sich damals langsam der Name Haiku, eine Zusammensetzung aus den beiden Wörtern Haikai und Hokku, einzubürgern begann. Auch gründete er anschließend eine eigene Schule der Dichtkunst, deren erster Schüler von Begabung der spätere Haiku-Dichter Enomoto Kikaku (1661–1707) war. Im Jahre 1676 siedelte er dann zu seinem Schüler und Freund Sugiyama Sampû (1647–1732) nach Fukagawa bei Edo, dem heutigen Tôkyô, über, in dessen Garten er ein Häuschen unter einem Bananenbaum (*bashô*) bewohnte, von dem er bald darauf seinen Künstlernamen Bashô entlehnte.

Während sich dort eine stetig wachsende Schar von Schülern um ihn versammelte, war er, außer mit der Pflege des Haikai-Renga, unablässig damit beschäftigt, das Haiku aus dem Verfall, in den es durch die Künstelei und Geschmacklosigkeit seiner Vorgänger und Zeitgenossen geraten war, wieder herauszuführen und zu einer erlesenen Form der japanischen Lyrik zu machen. Dazu aber mußte er dem Haiku überhaupt erst zu einem Stil verhelfen, der sich von jedweder Taschenspielerei mit Worten möglichst fernhielt und nach Einfachheit und Klarheit der Sprache strebte. Dies gelang ihm im Jahre 1679, als er, nach rastloser Arbeit an sich und seiner Sprache, den Dreizeiler dichtete, der für die gesamte spätere Haiku-Dichtung von grundlegender Bedeutung werden sollte:

> Auf kahles Astwerk
> Hat sich die Krähe niedergesetzt:
> Des Herbstes Abend.

Daß diese Verse Bashôs, die auf den ersten Blick hin recht belanglos scheinen, in der Kunst des Haiku einen Fortschritt darstellten, zeigt ein Vergleich mit dem bekannten Hokku des Teitoku auf den Anfang des Jahres des Ochsen. Während nämlich Teitoku das Tauwasser, das zu Beginn des betreffenden Jahres von einem Eiszapfen herabtropft, mit dem Speichel vom Maul eines Ochsen vergleicht und sich damit an einem reinen Wortspiel ergötzt, dessen einziger Reiz darin besteht, daß es Hauptwörter aus ganz verschiedenen Bedeutungskreisen miteinander verknüpft, zeichnet Bashô uns mit Wörtern, die alle ein und derselben Sphäre entstammen, das Bild einer Krähe, die sich, um vom Flug des Tages auszuruhen, auf das kahle Astwerk eines Baumes niederläßt und damit anzeigt, daß sich bereits der Spätherbst eingestellt hat und mit seiner Stimmung alles zu durchwalten beginnt. Und während die Einheit des Dargestellten bei Teitoku einzig und allein an dem Wort »Jahr des Ochsen« hängt, als dem künstlichen Bindeglied zwischen den beiden Wörtern »Eiszapfen« und »Speichel«, beruht sie bei Bashô auf beinahe allen Wörtern seines Haiku, weil diese, wie »kahles Astwerk«, »Krähe« und »Herbst«, ja selbst »niedergesetzt« und »Abend«, von verwandtem Stimmungsgehalt sind und sich deshalb wie von selber und völlig störungsfrei zur Gesamtstimmung des Spätherbstes verbinden. Damit enthält sich Bashô aber, und zwar in bewußtem Gegensatz zu seiner Zeit, nicht nur grundsätzlich jedes Wortspiels und seiner unvermeidlichen Sprachkapriolen, sondern bedient sich in seinem Streben nach Klarheit der Sprache geflissentlich nur solcher Wörter, die sich zwanglos und unvermittelt zu einem Stimmungsbild von schlichter Harmonie zusammenfügen.

Zudem lehrt ein Vergleich mit dem Dreizeiler Moritakes von den Windenblüten, in denen er seine eigene Vergänglichkeit schaut, daß die Einheit der Stimmung in dem Haiku Bashôs nicht allein aus dem Einklang seiner Wörter erwächst, sondern, in einem nicht zu unterschätzenden Maße, auch aus dem gänzlichen Fehlen jeder Einmischung des Dichters und seiner Allzumenschlichkeit in die von ihm geschilderte Natur. Bringt Moritake nämlich beim Anblick der Windenblüten sich selber mit ins Spiel, so daß die Stimmung, die von ihnen ausgeht, sich nicht voll entfalten kann, weil seine Selbstbezüglichkeit ihr den Weg verlegt und ihrer Auswirkung Abbruch tut, so versenkt Bashô sich, ohne sich dabei auch nur die geringste Eigenbezüglichkeit zu gestatten, allein und ausschließlich in den Anblick der Krähe, die vor ihm auf ihrem kahlen Ast hockt, und läßt auf diese Weise die Naturstimmung, die von diesem Bild auf ihn eindringt, voll zu ihrem Recht kommen. Dank dieser Selbstenthaltung gelingt es Bashô, diese Stimmung ungetrübt zu Wort kommen zu lassen und die Einheit des dichterischen Bildes vor dem Dazwischentreten von Eigenregungen seines Ichs zu bewahren.

Diese Haltung Bashôs, von der nicht nur dieses, sondern von nun an alle seine Haiku Zeugnis ablegen, ist einmal Ausdruck seiner tiefen Liebe zur Natur und zum andern das Ergebnis seines langjährigen Studiums des Zen-Buddhismus. Lehrte dieser ihn doch, sein Bewußtsein durch stete Übung in der Selbstbesinnung (Zen) auf alle ichverhafteten Wünsche und Regungen hin zu prüfen und sich ihrer, soweit wir nur möglich, zu entschlagen, damit es durch diese strenge Zucht der Selbstentsagung zu einem lauteren Spiegel für die Natur und ihr Wesen werde. Überdies hatte er an sich selbst erfahren, daß nur ein Bewußtsein, das sich aller Begierden, mit denen die Selbstsucht es zu erfüllen trachtet, begeben hat und dadurch leer und ledig geworden ist, in der Unvoreingenommenheit dieser Leere, wie vom Blitz getroffen, die ganze Nichtigkeit und Wesenlosigkeit des eigenen Selbst und seiner Begierden einsieht und sich, dank dieser plötzlichen Einsicht (Satori), im Nu von sich selber abkehrt, um sich den Dingen der Natur zuzuwenden und deren echtes Wesen zu erschauen; wohingegen einem Bewußtsein, das bis an den Rand mit Begierden erfüllt ist, dieser befreiende Blick ins eigene Selbst und seine Nichtigkeit und Wesenlosigkeit verstellt bleibt, so daß es ihm an der nötigen Unvoreingenommenheit der Leere gebricht, in der sich das Wesen der Dinge unverzerrt zu spiegeln vermöchte. Er wußte aber auch, daß diese entscheidende Einsicht sich jedem bewußten Streben nach ihr entzieht, weil sich sogar in ihm noch, und sei es auch als Streben nach Wahrheit, eine Begierde des Selbst vernehmlich macht, die den Spiegel des Bewußtseins trübt. Und so war er sich darüber im klaren, daß alle echte Wesensschau sich nur völlig ungewollt und unvermittelt einstellt und somit eine Gnade ist, für die er sich in steter Besinnlichkeit offenzuhalten habe, und zwar im Sinne der Worte Meister Eckeharts: »Wer alle Dinge empfangen will, der muß auch alle Dinge hergeben.«

Zudem war ihm aus eigener Erfahrung bekannt, daß die Einsicht in die Nichtigkeit und Wesenlosigkeit des Selbst nichts anderes als der unmittelbare Widerschein eines unverhofften Blitzes der Erkenntnis ist, in dessen Bewußtseinshelle die Wirklichkeit selber in ihrer ganzen Fülle und traumhaften Flüchtigkeit aufleuchtet und in der sich das Erlebnis der absoluten Wirklichkeit im Wandel der Erscheinungen als das einzig Gewisse ankündigt, das menschlicher Erfahrung überhaupt erreichbar ist. Dabei bleibt es sich gleich, ob dieser Erkenntnisblitz nun vom Bild des Vollmonds ausgelöst wird, der im Nebelbrauen einer Herbstnacht aufgeht, oder vom Anblick einiger Astern, die im ersten Frost am Zaun dahinwelken, sind doch in seinem Licht sowohl Vollmond wie Aster nur verschiedene Erscheinungsformen der einen und selben Wirklichkeit, die, als Urgrund aller Wesen, in der Sprache der Zen-Meister, Wesen Buddhas genannt wird und auf die, in der Sprache abendländischer Mystik, Meister Eckehart sich bezieht, wenn er sagt: »Alle Kreaturen gründen in Gott.«

Von dieser Art Erkenntnis berichten uns unzählige Mondo oder Frage- und Antwortspiele aus der Geschichte des Zen-Buddhismus, von denen eines uns erzählt:

Einst kam ein Staatsmann, ein überzeugter Anhänger des Konfuzius, zu dem Zen-Meister Hui-tang, um sich von diesem in die Lehre des Zen-Buddhismus einführen zu lassen. Während ihrer Unterhaltung meinte Hui-tang dann zu dem Staatsmann: »In den uns überlieferten Gesprächen deines Meisters Konfuzius, den Lun Yü, gibt es eine Stelle, die du gewiß gut kennst und in der die Lehre des Zen-Buddhismus bereits genau beschrieben ist. Dort sagt, so meine ich, der Meister: ›O meine Schüler, glaubt ihr denn, daß ich etwas vor euch verberge? Aber ich habe euch wirklich nichts vorenthalten.‹« Als aber der Staatsmann dem Hui-tang etwas darauf antworten wollte, hieß dieser ihn, indem er »Nein, nein!« rief, kurzerhand stillschweigen. Da blickte der Staatsmann verwirrt vor sich hin und wußte nichts Rechtes mehr zu sagen. – Bald darauf machten beide einen Spaziergang in die nahen Berge, wo gerade der wilde Lorbeer in vollster Blüte stand und die Luft ringsumher mit seinem Duft erfüllt war. Da meinte Hui-tang plötzlich: »Riechst du es?« Als der Staatsmann ihm bejahend zunickte, sagte Hui-tang nur: »Da hast du es! Auch ich habe dir nichts vorenthalten.« Diese Worte öffneten den Staatsmann mit einem Schlag der Einsicht.

Diese Einsicht jedoch ist das Werk eines Augenblicks der Erleuchtung, in dem der Mensch, aller Wünsche und Begierden ledig, sich urplötzlich der Wirklichkeit einer Naturerscheinung, wie hier dem Duft des blühenden Lorbeers, in völliger Selbstvergessenheit (Muga) von Angesicht zu Angesicht gegenübersieht, wobei die Trennungswand, die das Selbst für gewöhnlich um ihn herum zieht, schlagartig eingestürzt ist, so daß sein eigenes Wesen für einen Lidschlag der Zeit mit dem Wesen der ihm begegnenden Erscheinung eins wird. Dabei wird ihm zugleich offenbar, daß sich ihm im Dufte des blühenden Lorbeers nicht nur ein Stück vom Wesen des Lorbeers, sondern, dank dem Einssein in der Schau, auch ein Stück vom Wesen des Kosmos wie des eigenen Wesens enthüllt, weil in der echten Unio mystica, wie Goethe sagt, »das Besondere das Allgemeine repräsentiert, nicht als Traum und Schatten, sondern als lebendig-augenblickliche Offenbarung des Unerforschlichen«.

Nach dieser Erleuchtung birgt jeder Augenblick, und sei er noch so kurz und flüchtig, jede Naturerscheinung, und sei sie noch so unbedeutend und unscheinbar, die Möglichkeit in sich, Anlaß zu einer Offenbarung nicht allein ihres eigenen, sondern auch des Wesens der Welt zu werden, das sich alsdann sowohl in dem Ziehen der Haufenwolke wie in dem Gurgeln des Bergquells, dem Schrei des Kranichs wie dem Flüstern des Windes zu Wort melden kann und von dem, als dem Wesen Buddhas, ein Spruch des *Zenrinkushu*, der alten Spruchsammlung des Zen-Buddhismus, meint:

> Wenn doch des Bergbachs Brausen
>   seine große Zunge,
> Ist nicht der Berge Fernblau
>   dann sein reiner Leib?

Somit stehen dem solcherart Erleuchteten die Welt und er selbst, wie auf einen geheimen Wink hin, in einem neuen Licht da, sind ihm ja von nun an sowohl das Bild, das in die Sinne fällt, als auch er selbst zu bloßen Erscheinungen vom Wesen Buddhas geworden, der einen und einzigen Urwirklichkeit, die in allen Dingen west, was ein anderer Spruch des *Zenrinkushu* also verlautbart:

> Wer es nicht glaubt, der schaue nur,
>   wenn im September und Oktober
> Die gelben Blätter ohne Zahl
>   die Täler und die Berge füllen.

Und weil ihm die Natur, als Leib Buddhas, ein unerschöpflicher Quell der Offenbarung ist, begegnet er jeder ihrer Erscheinungen voll stiller Ehrfurcht und Verehrung und freut sich damit jenes schlichten Frommsinns, den William Blake kurz und bündig in die Worte faßt: »Denn jedes Ding, das lebt, ist heilig.«

Wie sehr das Bild, das in die Sinne fällt, und zwar buchstäblich nur dieses, bei Bashô, nachdem er sich während eines Klosteraufenthaltes 1681 noch einmal in Zen vertieft hatte, die Kunst des Haiku bestimmt, geht aus einem Mondo hervor, in dem uns die Entstehung eines seiner bekanntesten Haiku geschildert wird:

Butchô, ein belesener und erleuchteter Zen-Mönch, war Bashôs Lehrer geworden. Als er 1686 nach Fukagawa ging, besuchte er bei der Gelegenheit mit Gohei zusammen den

Dichter. Gohei, der die Klause des Dichters zum ersten Mal sah, rief, als er dort eintrat, aus: »Wie gibt sich wohl in diesem stillen Garten und all seinen Gräsern und Bäumen das Wesen Buddhas?« Bashô erwiderte ihm: »In großen Blättern als Grund zur Größe, in kleinen Blättern als Grund zur Kleinheit.« Butchô, der hinter ihm eintrat, fragte: »Und vor kurzem, wie gab es sich da?« Da antwortete Bashô: »Der Regen ist vorüber und das grüne Moos ist gewaschen.« Da fragte Butchô schließlich: »Wie aber gab sich das Wesen Buddhas in diesem grünen Moos, bevor es zu wachsen anfing?« In diesem Augenblick aber rief Bashô, da man gerade einen Frosch ins Wasser springen hörte: »Ein Frosch, der grad hineinspringt – des Wassers Platschen.« Butchô war über diese Antwort voller Bewunderung, ersah er doch aus ihr, wie tief erleuchtet Bashô war. Auch Sampû beglückwünschte Bashô zu den gelungenen Versen, während Butchô anerkannte, daß Bashô damit der Kunst noch den Glanz tiefer Frömmigkeit hinzugefügt habe. Ransetsu dagegen setzte hinzu: »Diese Verse vom Platschen des Wassers offenbaren schon den ganzen Sinn des Haiku; nur fehlt ihm noch der erste Vers.« – »Daran habe ich auch schon gedacht«, versetzte Bashô, »aber ich möchte doch erst einmal eure Vorschläge dazu hören und dann mich selbst entscheiden.« Nach einigem Überlegen schlug Sampû für den fehlenden Vers die folgenden fünf Silben vor: »Das Abenddämmern«, Ransetsu dagegen: »In der Einsamkeit« und Kikaku schließlich: »Die Nesselblüten«. Nachdem Bashô sich diese Verse angehört hatte, sagte er: »Ihr habt in euren Versen jeder eine Seite der Sache ganz gut zum Ausdruck gebracht und dabei recht ungewöhnliche Verse gemacht; besonders der Vers von Kikaku scheint mir stark und genial. Doch werde ich, wie immer, nicht der Mode folgen und darum heute abend die folgenden Silben hinzusetzen: »Der alte Weiher«, und so entstand das Haiku:

> Der alte Weiher:
> Ein Frosch, der grad hineinspringt –
> Des Wassers Platschen.

Wie das Mondo zeigt, beantwortet Bashô die drei Fragen nach dem Wesen Buddhas, die Gohei und Butchô ihm stellen, kurzum dadurch, daß er ihnen in knappen Worten den Erlebnisinhalt nennt, der ihm in jedem der Augenblicke da er gefragt wurde, gerade in die Sinne fiel: nämlich die großen und kleinen Blätter an den Bäumen und Gräsern in seinem Garten, das vom Regen her noch nasse Moos am Rande seines Weges und das ferne Platschen des Wassers von einem Frosch, der just hineinspringt – weil alles Erleben stets nur im Spiegel der jeweiligen Gegenwart statthat und nur im Nu der Besinnung darauf zum Bewußtsein kommt. Spräche er hingegen von etwas anderem als dem, was ihm das jeweilige Sinneserlebnis vergegenwärtigt, so spräche er damit bereits über etwas, das, als ein schon Vergangenes oder noch Kommendes, in keiner Weise mehr der sinnfälligen Wirklichkeit selbst, sondern einzig und allein seiner eigenen Vorstellungswelt angehört und demzufolge irrealen Charakters ist. Somit gibt es für ihn auf die Frage Butchôs nach dem Wesen Buddhas im grünen Moos, bevor es zu wachsen anfing, auch keine andere Antwort als den schlichten Hinweis auf das Platschen des Wassers, zumal da dies Platschen die einzige Wirklichkeit ist, die sich im Augenblick der Fragestellung in seinem Bewußtsein spiegelt und, als »lebendig-augenblickliche Offenbarung des Unerforschlichen«, ihn einen Blick in die unergründliche Tiefe (*yugen*) der Ewigkeit des Lebens selbst tun läßt. Denn jede Naturerscheinung trägt, und sei es nur das Erblühen einer Hundskamille am Rand eines Feldwegs oder ein Sonnenblick aus wolkenverhangenem Herbsthimmel, diese unergründliche Tiefe als Geheimnis in sich, ist sie ja schließlich nichts anderes als das im Vergehen sich immer wieder erneuernde Bild der Ewigkeit selbst. Und so ist, wie Goethe sagt, »jeder Zustand, ja jeder Augenblick von unendlichem Wert, denn er ist der Repräsentant einer ganzen Ewigkeit«, und nach William Blake ist »die kleinste Blume zu schaffen, das Werk von Äonen«.

Daher fällt dem Haiku die Aufgabe zu, den flüchtigen

Augenblick eines Naturerlebnisses, wie hier das Platschen des Wassers, mit seinem unfaßbaren Stimmungsgehalt in wenige, treffende Worte zu fassen, um so auf das unbegreifliche Geheimnis hinzuweisen, das sich in ihm offenbart. Das gelingt aber nur, wenn angesichts der nur siebzehn Silben, über die das Haiku verfügt, jedes Wort gemieden wird, das der Stimmung des erlebten Augenblicks Abbruch tut. Somit läßt sich das unvollendete Haiku vom Platschen des Wassers, weil die in ihm angeschlagene Stimmung einem reinen Gehörerlebnis entstammt, auch nur durch einen Vers aus solchen Wörtern ergänzen, deren Bedeutungsgehalt diesem Erlebnis nicht im geringsten zuwiderläuft, sondern es wie von selbst weiter entfaltet und abrundet. Dieser Forderung wird jedoch weder die Verszeile von Sampû: »Das Abenddämmern«, noch die von Ransetsu: »Die Einsamkeit«, noch die von Kikaku: »Die Nesselblüten«, gerecht, weil keiner von ihnen das ursprüngliche Gehörserlebnis ohne viel Umschweife und völlig ungesucht ergänzt. Deswegen vollendet Bashô sein Haiku, nach kurzem Überlegen, schließlich mit der Verszeile, deren Bild sich beim Aufplatschen des Frosches auf das Wasser fast wie von selbst einstellt: »Der alte Weiher«. Dabei entsprechen die Wörter dieser Verszeile nicht allein seinem Streben nach Schlichtheit und Klarheit der Sprache, sondern sie lassen zugleich erkennen, daß die Kunst des Haiku in hohem Maße eine Kunst des leisen Hinweises auf das unergründliche Geheimnis ist, in das sich alle Wesen hüllen, und das, als tiefes Schweigen der Natur, vom Sprung des Frosches jäh unterbrochen, sich hier in der verschwiegenen Stille des alten Weihers kundgibt.

Um diesem Schweigen der Natur und seinem Geheimnis, von dem ein Zen-Spruch sagt:

> Die Rede kann es nicht gestalten,
> Das Schweigen kann es nicht durchdringen,

wieder und wieder lauschen zu können, unternahm Bashô im letzten Jahrzehnt seines Lebens weite Fußwanderungen durch viele Gaue Japans, über die er uns in seinen Reisebildern (Kikô) in einer mit Haiku untermischten Prosa (Haibun) berichtet. Auf seiner achten Wanderung, die ihn in den Süden Japans, und zwar von Tôkyô nach Nagasaki, führen sollte, kam er jedoch nur noch bis Ôsaka, wo er im Herbst 1694 im Haus der ihm befreundeten Haiku-Dichterin Sonojo plötzlich schwer erkrankte und starb. Das Haiku, das er kurz vor seinem Hinscheiden niederschrieb, lautet:

> Vom Wandern schwer krank:
> Ein Traum, der dürre Heide
> Im Kreise durchirrt.

Nach seinem Tod wurde seine sterbliche Hülle von den zehn Schülern, die an sein Krankenbett geeilt waren, unter ihnen Kikaku, Kyorai, Jôsô, Shikô, Izen und Otsuyû, in einem Kahn auf dem Jodo-Fluß von Ôsaka nach Ôtsu am Biwa-See überführt und dort am Yoshinaka-Tempel beigesetzt. Über dreihundert Personen, zumeist Schüler und Freunde, gaben ihm dort das letzte Geleit.

Der nächste große Meister des Siebzehnsilbers war Taniguchi Buson, den die Japaner neben Bashô zu stellen pflegen und als »zweite Säule« der Haiku-Dichtung bezeichnen. Dennoch ist uns aus seinem Leben seltsamerweise nur wenig bekannt. Er soll in einem kleinen Dorf der Provinz Settsu, und zwar nicht weit von Ôsaka, im Jahr 1715 das Licht der Welt erblickt haben und bereits sehr jung nach Tôkyô gekommen sein, wo er sich sowohl der Landschaftsmalerei wie auch der Haiku-Dichtung widmete. Sein Lehrmeister in der Kunst des Dreizeilers war Hajin, ein Schüler des Ransetsu. Nach dem Tod Hajins im Jahr 1743 ging Buson für einige Zeit auf Wanderschaft, um sich schließlich 1751 in der alten Tempelstadt Kyôto, wo von 794 bis 1868 das japanische Kaiserhaus seinen Sitz hatte, niederzulassen, von der er in einem seiner Haiku sagt:

> Von späten Tagen
> Läßt sich das Echo hören
> In Kyôtos Winkeln.

Dort nahm er im Jahr 1758 den Namen Yosa Buson an und versammelte um sich eine Reihe von Schülern, unter ihnen Taigi und Kitô, und war bald als Haiku-Dichter ebenso berühmt wie als Maler. Er starb 1783 im Alter von 68 Jahren und wurde beim Kimpuku-Tempel in Kyôto beerdigt. Einige seiner Bilder sind in den Tempeln von Kyôto und Ôsaka noch heute zu sehen.

Ebenso spärlich wie über sein Leben sind die Zeugnisse über sein Denken und die hinter diesem Denken stehende philosophische und religiöse Überzeugung. Doch verrät uns ein Dreizeiler, den Buson am Altjahrsabend 1772 verfaßt hat und dem er die Worte Bashôs:

> Doch Hut und Schuh aus Stroh
> Trag ich wie immer,

als Überschrift voranstellt, daß er den Altmeister der Haiku-Dichtung tief verehrt haben muß, klagt er doch:

> Seit Bashô hinschied,
> Ist niemals mehr so richtig
> Das Jahr verdämmert.

Auch fügt er diesem Haiku noch folgende Bemerkung an:
»Beim Rennen auf der Straße des Ruhms und Gewinns ertrinken wir in einem Meer armseliger Wünsche und schinden unser beschränktes Selbst ab. Vor allem am Altjahrsabend ist unser Verhalten unbeschreiblich: wir laufen herum, um an die Türen anderer zu klopfen, und machen dabei viel Wesens, was verächtlich ist, und benehmen uns auf unseren Gängen meist sonstwie, und all unser Tun ist eigentlich erbärmlich. So kann unser törichtes Selbst aber nicht dem Staub der Welt entrinnen.

> Das Jahr verdämmert:
> Doch Hut und Schuh aus Stroh
> Trag ich wie immer.

Als ich mich in einer Ecke meiner Stube in dies Haiku versenkte und darüber nachdachte, da wurde meinem Herzen klar: Lebte ich so, das wäre gut. Das war für mich erhebend und eine so befreiende wie beruhigende Erleuchtung. Doch Bashô schied hin, und es gibt keinen Bashô mehr, der uns sagt, wie das Jahr geht und wie es kommt.«

Diesen Worten Busons ist aber nicht nur zu entnehmen, wie sehr er Bashô verehrt hat, sondern sie zeigen uns auch, daß er die Nichtigkeit und Wesenlosigkeit des Selbst erkannt hatte und daher bestrebt war, sein Inneres so weit wie nur möglich von allen selbstischen Wünschen und Begierden freizuhalten, um so dem eigentlichen Wesen der Dinge offenzustehen und ihm als Spiegel dienen zu können. Und so dürfte es denn das Streben nach einer völlig selbstlosen Hingabe an das sich in jedem Ding offenbaren wollende Wesen wie ein zur höchsten Genauigkeit und Objektivität der Bildauffassung erzogenes Malerauge gewesen sein, dem die Dreizeiler Busons ihre außerordentliche sinnliche Frische und Anschaulichkeit verdanken, wie sie etwa das folgende Haiku aufweist:

> So kurz die Nacht, ach,
> Und auf dem Haar der Raupe
> Vom Tau die Perle.

Dabei weiß Buson die Stimmung der flüchtigen Vergänglichkeit, die das Bild eines Tautropfens erweckt, der sich in einer kurzen Sommernacht auf der Spitze des Haares einer Raupe gebildet hat, so in die siebzehn Silben dieses Dreizeilers einzufangen, daß auch nicht eines seiner Worte den Bereich der sinnlichen Erscheinung verläßt. Dies hohe Maß von bildgebundener Objektivität, durch das sich die Haiku Busons vor denen seiner Zeitgenossen auszeichnen, läßt erkennen, daß er mit dem Zen-Buddhismus und seiner Ästhetik vertraut gewesen sein muß, nach der es nämlich einzig und allein die einzelne, konkrete sinnliche Erscheinung ist, die uns im Augenblick der selbstlos spiegelnden Schau etwas vom eigentlichen Wesen der Dinge zu enthüllen vermag. Und so könnte die Äußerung Goethes: »Man suche nur nichts hinter den Phänomenen; sie selbst sind die

Lehre«, ebensogut auch von Buson stammen, umreißt sie doch mit wenigen Worten, wenn auch in einer anderen Sprache und mit anderen Begriffen, die Welt- und Kunstauffassung, von der uns mehr oder weniger alle Haiku Busons Zeugnis ablegen.

Während Buson, dank der Kraft und Klarheit des Bildes seiner Dreizeiler, in der alten Kaiserstadt Kyôto immer mehr zu Ansehen und Ruhm gelangte, kam im Jahr 1763, fernab vom Getriebe der großen Welt, in dem kleinen Gebirgsdorf Kashiwabara in Shinano, der heutigen Provinz Nagano, der dritte große Haiku-Meister Japans zur Welt: nämlich Kobayashi Yatarô, genannt Issa.

Er war der Sohn eines armen, aber freien Bauern, der sich zu dem, was ihm der Hof abwarf, noch etwas als Fuhrmann und Vermieter von Saumpferden dazuverdiente. Als der kleine Yatarô kaum drei Jahre alt war, starb ihm seine Mutter. Obwohl seine Großmutter väterlicherseits ihn liebevoll betreute, hat er den frühen Verlust seiner Mutter nie ganz verwunden, wie uns ein Haiku aus seinen Mannesjahren zeigt:

> Ach, Mutter selig:
> Ich blicke auf den See hin
> Doch so oft, so oft –

Mit sechs Jahren schickte ihn sein Vater in die Schule von Kashiwabara zu einem Schulmeister, der den in sich verschlossenen, doch aufgeweckten Knaben mit der klassischen Literatur Japans und Chinas bekannt machte und so in ihm die Liebe zur Dichtung weckte. Da sich der Vater einige Jahre nach dem Tod seiner Frau wieder verheiratete, bekam Yatarô in seinem achten Lebensjahr eine Stiefmutter, die ebenso hartherzig wie arbeitsam war und für den sensiblen, schon früh der Dichtung zugetanen Knaben nur wenig Verständnis aufbrachte. Als jedoch bald darauf ein Stiefbruder das Licht der Welt erblickte und die Großmutter gar noch plötzlich starb, wurden die häuslichen Verhältnisse unter der Fuchtel der Stiefmutter für Yatarô immer unerträglicher. Es verging, wie er später selber berichtet hat, kaum ein Tag, an dem er nicht geschlagen wurde, so daß er sich einmal, um sein Herz zu erleichtern, eine ganze Nacht hindurch auf den Stufen des Buddha-Tempels seines Heimatdorfes ausweinen mußte.

Schließlich kam der Vater zu der Überzeugung, daß es für Yatarô das beste wäre, wenn er, um des lieben Friedens willen, für einige Zeit das Haus verließe. Und so schloß sich Yatarô im Frühjahr 1776, kurz bevor er vierzehn Jahre alt wurde, einem Zug Kaufleute an, der gerade über die Berge seiner Heimat nach Tôkyô zog. Obschon er ein Empfehlungsschreiben seines Vaters in der Tasche hatte, worin dieser die Verwandtschaft von Yatarôs Mutter darum bat, sich des Jungen anzunehmen und ihm irgendwie Unterschlupf zu gewähren, machte er davon keinen Gebrauch, sondern tauchte in Tôkyô unter, um sich dort elf Jahre lang, und zwar vermutlich erst als Stalljunge und dann als Novize, auf eigene Faust durchzuschlagen.

Während dieser Zeit, in der Yatarô mit dem Kampf um das tägliche Brot Bekanntschaft machte und ihm, nach seiner eigenen Aussage, Hunger und Kälte nicht fremd blieben, hielt er, trotz aller Not, der Dichtung, insbesondere aber dem Haiku, die Treue; treffen wir ihn doch um 1788 im Kreis der Schüler des Haiku-Dichters Mizoguchi Sogan (1713–95) an, ja wird er doch an dessen Schule, die, wie es heißt, von einem persönlichen Freund Bashôs gegründet worden sein soll, bald darauf sogar als Nachfolger seines eigentlichen Lehrers, des Haiku-Dichters Nirokuan Chikua, erwähnt.

Eines Tages brach Yatarô, weil ihm geträumt hatte, es ginge seinem Vater zu Hause bei der Stiefmutter und dem Stiefbruder nicht besonders gut, spornstreichs von Tôkyô auf und eilte zu Fuß nach Kashiwabara. Zu seiner großen Freude aber traf er den Vater gesund und guter Dinge an. Nachdem er diesem ausführlich über seine Jahre in Tôkyô berichtet hatte, vertraute er ihm den lang gehegten Wunsch an, eine Wallfahrt in den Süden Japans, und zwar nach Nagasaki, zu machen. Der Vater war über diesen Wunsch seines Sohnes sehr erfreut und ermunterte ihn lebhaft dazu. Und so zog denn Yatarô abermals von Kashiwabara nach Tôkyô – diesmal aber, um sich dort von seinen Schülern und Kollegen an der Schule Sogans zu verabschieden.

Nachdem er dies getan hatte, nahm er die Tonsur und legte sich als Mönch den Namen Haikaiji Nyûdô Issa-bô zu, was so viel heißt wie »Bruder Issa, Laienpriester am Tempel des Haiku«. Dann wanderte er mit Pilgerstab und »Hut und Schuh aus Stroh« den Weg, den Bashô einst wandern wollte, auf dem dieser aber bis Ôsaka kam, um dort im Haus der Sono-jo zu erkranken und zu sterben. Diese Pilgerfahrt, auf der Issa viele Heiligtümer der Natur wie der Religion und Literatur Japans aufsuchte, dauerte mehrere Jahre und führte ihn kreuz und quer durch die japanische Hauptinsel Hondo und die Inseln Shikoku und Kyushu. Auf seinem Rückweg besuchte Issa dann in Ôsaka den Haiku-Dichter Ôemaru, einen Schüler Ryôtas. Ôemaru war von der völlig unkonventionellen Menschlichkeit Issas so beeindruckt, daß er ihn gleich für längere Zeit bei sich behielt. So kehrte er erst 1798 wieder nach Tôkyô zurück, wo seine Reisebilder und Haiku durch ihren ebenso lebensvollen wie geschliffenen Stil Bewunderung erregten und ihm die Freundschaft des Haiku-Dichters Seibi, eines reichen Reishändlers, gewannen.

Als Issa im Jahr 1801 in seinem Heimatdorf auf Besuch weilte, erkrankte sein Vater an Typhus und starb. Obgleich dieser ihm den größten Teil seiner Hinterlassenschaft vermacht hatte, gelang es der Stiefmutter und dem Stiefbruder dennoch, sich in den Besitz des gesamten Erbes zu setzen. Erst volle dreizehn Jahre später, als Issa bereits zweiundfünfzig Jahre alt war, rückte ihm der Stiefbruder, nachdem er diesem mit einer Klage beim Shogun in Tôkyô gedroht hatte, wenigstens die Hälfte des väterlichen Erbes heraus. Daraufhin heiratete Issa kurz entschlossen eine achtundzwanzigjährige Bauerntochter aus dem Nachbardorf, die ihm vier Kinder, und zwar drei Söhne und eine Tochter, schenkte, wovon die drei Söhne allerdings schon im Säuglingsalter starben. Doch auch das Töchterlein Sato, das er sehr liebte, wurde ihm, als es zweieinhalb Jahre alt war, durch die Pocken entrissen. Bald nach der Geburt des vierten Kindes wurde Issas Frau schließlich so schwer krank, daß auch sie starb.

Die Jahre dieser Ehe dürften für Issa, trotz der Heimsuchung, die der Verlust seiner Kinder für ihn bedeutete, eine Zeit des Glücks gewesen sein, hatte er doch nun endlich ein Stück Land mit Haus und Hof unter den Füßen, auf dem er frei schalten und walten konnte. Etwas von diesem Glück verraten uns die ersten Sätze seiner »Mahnworte für Bauern«, wo es heißt:

»Ergötze dich nicht an der Eleganz des Blumengartens, sondern mache das Gemüsefeld hinter und das Reisfeld vor deinem Haus zur Sache deines Mühens. Nimm selber den Spaten in die Hand und sei bis zuletzt um das Gut deiner Ahnen und das Leben deiner Eltern besorgt. Mehr als die Kirschblüte von Yoshino und der Mond von Sarashina erfreue dich die eigene Arbeit. Von früh bis spät laß dein Herz mehr für die kleine Rapsblüte als für die Kerriablüte von Ide schlagen, und bei der Farbe der Weizenähre empfinde dein Gemüt weit mehr als bei der Farbe der roten und weißen Päonie.«

Nach dem Tod seiner Frau heiratete Issa, um einen Erben zu haben, ein zweites Mal, und zwar die Tochter eines Samurai, die ihn aber, weil sie sich in seinem Haus nicht wohl fühlte, schon ein paar Wochen nach der Hochzeit wieder verließ. Kurz darauf heiratete er noch einmal, dieses Mal eine Amme, die ihm, allerdings erst nach seinem Tod, eine Tochter und damit eine Erbin seines Besitzes gebar.

Denn im Sommer 1827 brannte ihm, damit das Maß seines Schicksals voll werde, das endlich ererbte Vaterhaus in einer Feuersbrunst, die halb Kashiwabara in Asche legte, über dem Kopf ab, so daß er in einem alten Speicher, der das Feuer überstanden hatte, Zuflucht suchen mußte. Als dann der Winter kam, wurde er bettlägerig und beschloß in einem notdürftig eingerichteten Raum dieses Speichers, der weder ein Fenster noch einen Ofen besaß, im Dezember desselben Jahres im Alter von fünfundsechzig Jahren sein Leben. Als man das Sterbebett aufräumte, fand man unter dem Kopfkissen sein letztes Haiku:

> Ach, welche Wohltat:
> Der Schnee des Deckbetts sogar
> Ist aus Elysium.

Er wurde am Fuß eines Hügels seiner heimatlichen Berge zwischen den Gräbern seiner Ahnen beigesetzt. Auf dem unbehauenen Stein, der sein Grab deckt, steht der folgende, von ihm selbst verfaßte Dreizeiler:

> Dies ist nun einmal
> Der ungewollte Schlafplatz:
> Ein Schnee, fünf Fuß hoch.

Als Issa starb, war er bereits ein weit und breit geschätzter Haiku-Meister. Hatte er doch dem Dreizeiler, der ihm schon bei Buson, vor allem aber bei dessen Schülern, zur gefühlsarmen Kunstfertigkeit des Bildes und Wortes zu erstarren schien, dank seiner kraftvollen und völlig unkonventionellen Persönlichkeit, außer der Schlichtheit der Sprache, die Dimension wieder zurückerobert, die dem Haiku nach dem Tod Bashôs verlorengegangen war: nämlich die des Schicksals.

Das zeigt uns ein kurzer Vergleich zwischen dem Dreizeiler Busons, wo dieser uns die Vergänglichkeit der Welt im Bild eines Tautropfens auf dem Haar einer Raupe vor Augen stellt, und dem Dreizeiler Issas, den dieser beim Tod seiner kleinen Tochter Sato verfaßt hat:

> Die Welt aus Tau, ach,
> Doch eine Welt aus Tau nur –
> Und dennoch, dennoch –

Während Buson sich darauf beschränkt, uns wie mit ein paar Pinselstrichen das Bild eines Tautropfens auf einem

zarten Raupenhaar hinzuzeichnen und dabei, wie gesagt,
ganz und gar im Bereich der Erscheinung bleibt, so daß die
Zeitlichkeit eigentlich nur in den Worten:

So kurz die Nacht, ach,

ganz leise mitschwingt, weiß Issa uns die Stimmung der
Vergänglichkeit, die ihn angesichts des Todes seiner Toch-
ter überfiel, dadurch mitzuteilen, daß er nur schlicht und
einfach feststellt, diese Welt sei doch im Grunde nichts wei-
ter als flüchtiger Tau, und dieser Feststellung sein inhalts-
schweres:

Und dennoch, dennoch –

hinzufügt, das uns nicht nur seine tiefe Ergebenheit in das
Schicksal, sondern auch seine ganze Liebe zum Leben offen-
bart und an das »amor fati« Nietzsches erinnert.

Dieser Frömmigkeit Issas entspricht sein ebenso tiefes
Mitgefühl mit aller Kreatur, und sei es auch die kleinste, wie
die unzähligen Haiku dartun, wo er mit Spatz und Frosch,
Grille und Fliege oder anderem Kleingetier brüderlich
Zwiesprache hält, wie in dem berühmten Dreizeiler:

Du, magres Fröschlein,
Gib dich doch nicht geschlagen,
Ist Issa doch da!

Dabei zeichnen sich viele dieser Haiku noch durch einen
derben, hintergründigen Humor aus wie das folgende:

Des Winters Fliege:
Als ich sie fliegen ließ, ach,
Fing sie der Kater.

Trägt doch für Issa jedes alltägliche Geschehen auf irgend-
eine Weise einen verborgenen Sinn in sich, und es enthüllt
sich darum für ihn in jedem Ereignis, und sei es noch so ge-
ringfügig, immer wieder nur das Eine: das alles durchwal-
tende Gesetz Buddhas.

Obschon Issa das Haiku dadurch, daß er es, dank seiner

tiefen Frömmigkeit, wieder mitten in die kleinen Freuden und Nöte des Alltags hineinstellte, mit neuem Leben erfüllt hatte, sank es dennoch bald nach seinem Tod wieder zur bloßen Konvention und zu einem Spiel mit Bildern und Worten herab. Erst ein halbes Jahrhundert später erlebte das Haiku durch die unablässige Bemühung eines anderen Haiku-Meisters einen neuen Aufschwung: nämlich durch Masaoka Shiki.

Shiki, dessen eigentlicher Vorname Tsunenori lautet, wurde 1867 in der Stadt Matsuyama in der Provinz Ehime auf der Insel Shikoku geboren. Er soll bereits als Elfjähriger zu dichten begonnen haben. Mit sechzehn Jahren kam er nach Tôkyô, wo er sich bald intensiv mit der Haiku-Dichtung befaßte. Da Shiki von Kindesbeinen an kränkelte, besuchte er die Schule nur sehr unregelmäßig. Als er einundzwanzig Jahre alt war, begannen sich bei ihm die ersten Anzeichen einer Tuberkulose bemerkbar zu machen, so daß er erst mit dreiundzwanzig Jahren die Universität Tôkyô beziehen konnte; doch mußte er diese, ohne sein Studium ordnungsgemäß abgeschlossen zu haben, 1892 krankheitshalber wieder verlassen. Danach trat Shiki, zumal er inzwischen durch seinen glänzenden Stil aufgefallen war, als Mitarbeiter in den Redaktionsstab der Zeitung Nihon Shimbun ein. Bald darauf veröffentlichte er eine aufsehenerregende *Kritik an Bashô*, in der er die Ansicht vertrat, daß nur ein geringer Teil der Haiku Bashôs vollkommen und mithin vorbildlich sei.

Bei Ausbruch des chinesisch-japanischen Krieges im Jahr 1894 ging Shiki als Kriegsberichterstatter mit der Armee an die Front. Wegen seiner angegriffenen Gesundheit mußte er jedoch bald wieder nach Tôkyô zurückkehren, wo er dann die Haiku-Zeitschrift *Hototogisu* (»Kuckuck«) herausgab, die in erster Linie der von ihm angestrebten Reform des Haiku dienen sollte.

Um der Haiku-Dichtung, die am Ende des 19. Jahrhunderts unter der Last der Überlieferung zu ersticken drohte, neues Leben einzuhauchen, sah Shiki sich gezwungen, den

Kampf gegen die Vorherrschaft der bloßen Konvention aufzunehmen. Er tat dies, indem er in einer Reihe weiterer Artikel Bashô angriff und, zur Überraschung seiner Zeitgenossen, frank und frei erklärte, daß er nur etwa jedes fünfte Haiku des allgemein verehrten Altmeisters für wirklich gut halte. Doch blieb Shiki nicht bei der bloßen Kritik der Überlieferung stehen, sondern er ging, zumal er sehr rasch eine Gruppe gleichgesinnter Haiku-Dichter um sich zu scharen vermochte, alsbald daran, eine neue Haiku-Schule, die sich »Nihon-ha« nannte, zu gründen und für sie eine Reihe Regeln aufzustellen, die sich in das eine Wort zusammenfassen lassen: Schreibt einfach und natürlich.

Der Haiku-Meister, der ihm dabei als Vorbild diente, war Buson, den er wegen der hohen Objektivität seiner Bilder und der schlichten Eleganz seiner Sprache ganz besonders schätzte und deshalb über Bashô stellte. Demzufolge findet man bei Shiki manches Haiku, das nach einer ähnlichen Sachlichkeit des Bildes und Schlichtheit des Wortes strebt. So etwa der Dreizeiler Shikis:

> Das Rund des Mondes,
> Zahllose Gestirne und
> Des Himmels Schwarzblau.

Er erinnert durch das einfache Aneinanderreihen von Einzelbildern an einen Dreizeiler Busons, wo dieser in derselben Weise verfährt:

> Der Raps in Blüte,
> Der Sonnenball im Westen,
> Der Mond im Osten.

Ja, Shiki geht in seinem Bestreben, Buson nachzueifern, sogar so weit, dessen Haiku:

> Zur Tempelglocke
> Ist eingekehrt und schläft nun
> Der kleine Falter

in der folgenden Weise abzuwandeln:

Zur Tempelglocke
Ist eingekehrt und glimmt nun
Der kleine Glühwurm!

Um seiner Auffassung, die Haiku-Dichtung habe, wie
das Vorbild Busons zeige, vornehmlich objektiv beschrei-
bend zu verfahren und die Einmischung subjektiver Mo-
mente möglichst zu meiden, weit und breit Geltung zu ver-
schaffen, schrieb Shiki nicht nur für eine ganze Reihe Zei-
tungen und Zeitschriften Artikel, sondern auch eine Unzahl
Haiku. Zudem hatte er, und zwar als Herausgeber der Hai-
ku-Zeitschrift *Hototogisu*, Tausende von Dreizeilern zu prü-
fen, um die schlechten zu verwerfen und die guten in ihr zu
veröffentlichen. Daneben half er noch bei der Gründung an-
derer literarischer Zeitschriften, indem er sie mit Beiträgen
unterstützte. Dieser weitgespannte Pflichtenkreis, dem er
sich mit großem Ernst und Eifer widmete, zehrte schließ-
lich an seiner sowieso nicht festen Gesundheit, so daß er zu-
letzt sein Tagewerk nur noch vom Bett aus erledigen konn-
te. Dennoch gelang es ihm, die von ihm eingeleitete Reform
der Haiku-Dichtung so weit voranzutreiben, daß er, bevor
er 1902 im Alter von fünfunddreißig Jahren starb, die Ge-
nugtuung hatte, der von ihm so zäh verfolgten Erneuerung
des Haiku endgültig zum Durchbruch verholfen zu haben.

Wie es heißt, soll Shiki die Kritik, die er in jungen Jahren
an Bashô geübt hatte, später revidiert haben. Das ist nicht
weiter verwunderlich, hatte doch Bashô sich, genau wie
Shiki, mit den Epigonen der Haiku-Dichtung seiner Zeit
auseinanderzusetzen; und so könnte die Mahnung, die Ba-
shô einst den Haiku-Dichtern seiner Tage zurief, auch von
Shiki ausgesprochen worden sein:

Sucht nicht nach den Spuren der Alten, sondern
sucht nach dem, was die Alten suchten!

Überdies war Bashô sich, und das schon vor Shiki, bewußt,
daß sich das Ziel der Haiku-Dichtung, nämlich die flüchtige
Stimmung eines Erlebnisaugenblicks in die siebzehn Silben

eines Dreizeilers einzufangen, nur durch eine Sprache erreichen läßt, die sich durch bildkräftige Einfachheit, ja Einfalt auszeichnet; sagt er doch einmal:

> Um Haiku zu schreiben, werde ein drei Fuß großes Kind.

Solche Einfalt der Sprache entspringt aber nur einem Gemüt, das, weil es sich im Augenblick des spiegelnden Schauens völlig selbstlos dem Erschauten hingibt, auch noch im kleinsten, unscheinbarsten Ding etwas von dessen wahrem Wesen zu Gesicht bekommt – und somit nur einem Gemüt, das, sei es ihm nun bewußt oder nicht, in Zen lebt.

Daß die Gedankenwelt des Zen-Buddhismus und mehr oder minder aller Haiku-Dichtung auch einigen besinnlichen Köpfen des Abendlandes nicht fern lag, beweisen nicht nur die erwähnten Aussprüche von Meister Eckehart, Goethe und William Blake, sondern bezeugt auch Adalbert Stifter mit seiner Vorrede zu den *Bunten Steinen*, wo es heißt:

»Das Wehen der Luft, das Rieseln des Wassers, das Wachsen der Getreide, das Wogen des Meeres, das Grünen der Erde, das Glänzen des Himmels, das Schimmern der Gestirne halte ich für groß: das prächtig einherziehende Gewitter, den Blitz, welcher Häuser spaltet, den Sturm, der die Brandung treibt, den feuerspeienden Berg, das Erdbeben, welches Länder verschüttet, halte ich nicht für größer als obige Erscheinungen, ja, ich halte sie für kleiner, weil sie nur Wirkungen viel höherer Gesetze sind. Sie kommen auf einzelnen Stellen vor und sind die Ergebnisse einseitiger Ursachen. Die Kraft, welche die Milch im Töpfchen der armen Frau emporschwellen und übergehen macht, ist es auch, die die Lava in dem feuerspeienden Berge emportreibt und auf den Flächen der Berge hinabgleiten läßt. Nur augenfälliger sind diese Erscheinungen und reißen den Blick des Unkundigen und Unaufmerksamen mehr an sich, während der Geisteszug des Forschers vorzüglich auf das Ganze und Allgemeine geht und nur in ihm allein Großartigkeit zu erkennen vermag, weil es allein das Welterhaltende ist.«

Ein Jünger des Zen-Buddhismus, der diese Worte hörte, würde ihnen vermutlich durch leises Kopfnicken zustimmen. Vielleicht aber fügte er auch noch kurz hinzu, daß das, was hier das Welterhaltende genannt werde, im Grunde nichts anderes sei, als das sich nirgends und doch überall offenbaren wollende Wesen Buddhas, von dem es im *Zenrinkushu* heißt:

Es ist der Quelle Murmeln
in später Mitternacht,
Es ist der Berge Funkeln
nach Sonnenuntergang –

Zur Übersetzung

Angesichts der ungewöhnlichen Kürze des sprachlichen Ausdrucks, die dem Haiku eignet, erhebt sich die Frage, wie denn ein derartiges Sprachkunstwerk ins Deutsche zu übersetzen ist, ohne daß dabei sein Sinn entstellt und seine Form zerstört werden. Diese Frage stellt sich um so dringlicher, da bei uns in den letzten Jahren einige Übertragungen von Haiku erschienen sind, die sowohl dem Inhalt als auch der Form nach dem japanischen Dreizeiler nicht immer völlig gerecht werden. Denn »ein wirkliches Kunstwerk ist«, wie Manfred Hausmann in dem Vorwort zu seinen Übertragungen aus dem Japanischen in *Liebe, Tod und Vollmondnächte* schreibt, »nicht nur seines Sinnes, sondern ebensosehr seiner Form wegen ein Kunstwerk. Seine Aussage gilt nur in dieser einmaligen, tief notwendigen Form. Wer die Form ändert, ändert auch den Inhalt. Deshalb muß auch die Form ins Deutsche hinübergerettet werden.«

Die Frage jedoch, wie ein Haiku nicht nur seinem Inhalt, sondern auch seiner Form nach »ins Deutsche hinübergerettet werden« kann, wird unseres Erachtens am besten dadurch beantwortet, daß wir einmal den Urtext eines Haiku so wortgetreu wie nur möglich zu übersetzen versuchen.

Wir wählen dazu ein Haiku Bashôs, das wir einmal im Urtext und zum andern – gleich darunter – in wörtlicher Übersetzung geben:

> natsu kusa ya / tsuwamonodomo ga / yume no ato
>
> sommer gras ach / von den kriegern / der träume rest.

Indem wir nun die in der japanischen Sprache unbekannten Geschlechtswörter »das« und »der« vor die betreffenden Hauptwörter setzen und der zweiten Verszeile das Hilfszeitwort »ist« voranstellen, bekommen wir für dieses Haiku die folgende, vorläufige Rohfassung: (Das) Sommergras, ach, / (ist) von den Kriegern / der Träume Rest.

Um schließlich auch dem Silbengefüge des Haiku, gemäß seinem Aufbauschema 5 + 7 + 5, gerecht zu werden, fügen wir der zweiten Zeile noch die beiden Wörter »nun noch« hinzu und stellen die dritte Zeile so um, daß sie, nach Einfügung des Geschlechtswortes »der«, am Ende »der Rest der Träume« heißt. Dadurch wird aus der vorläufigen Rohfassung eine endgültige Fassung, die, wie es uns scheint, dem japanischen Wortlaut dieses Dreizeilers wohl einigermaßen entsprechen dürfte:

> Das Sommergras, ach,
> Ist von den Kriegern nun noch
> Der Rest der Träume.

Nachdem wir so den Urtext dieses Siebzehnsilbers von Bashô Schritt für Schritt ins Deutsche übertragen haben, sind wir dazu gerüstet, uns kritisch mit anderen Übertragungen auseinanderzusetzen, wie etwa mit der von Hausmann:

> Blühendes Gras auf dem alten Schlachtfeld,
> den Träumen entsprossen
> der toten Krieger.

Indem wir der dichterischen Phantasie, die aus dieser Übertragung spricht, Achtung zollen, haben wir dennoch festzustellen, daß aus dem schlichten Sommergras Bashôs bei

Hausmann ein »blühendes Gras« wurde, und das noch dazu auf einem »alten Schlachtfeld«, das der japanische Urtext gar nicht kennt. Dies blühende Gras aber soll »den Träumen entsprossen« sein »der toten Krieger«, die einst auf diesem alten Schlachtfeld gefallen und begraben worden sind.

Durch diese Freiheit und Kühnheit in der Wortwahl, so scheint uns, gebricht es der Übertragung von Hausmann an der Stimmung, die beim Anblick des einfachen Sommergrases in Bashô rege wurde, und von der, bei aller Sparsamkeit des Wortes, dessen Verse bis an den Rand erfüllt sind: nämlich der Stimmung der tiefen Melancholie, die der Erkenntnis entspringt, daß sich, angesichts der unentrinnbaren Vergänglichkeit, alles menschliche Träumen, Wähnen, ja selbst die höchste Tapferkeit als sinnlos erweisen, weil zu guter Letzt doch Gras darüber wächst.

Zur Form, in der Hausmann seine Übertragung darbietet, bleibt noch zu sagen, daß er, anstatt sich an die übliche Haiku-Form von 5 + 7 + 5 Silben zu halten, sich in den freien Rhythmus flüchtet, wodurch er seiner eigenen Forderung, daß von einem fremden Sprachkunstwerk auch die Form ins Deutsche herüberzuretten sei, selber untreu wird.

Dagegen übersetzt zum Beispiel Coudenhove diesen Dreizeiler Bashôs, und zwar unter strenger Wahrung des beim Haiku üblichen Silbengefüges, wie folgt:

> Sommergras im Wind –
> Letzte Spur des Lebenstraums
> manchen Kriegersmanns!

Obschon in dieser Übertragung immerhin noch etwas vom Sinn der Verse Bashôs erhalten bleibt, begegnen uns in ihr doch einige Wörter, wie »im Wind«, »letzte« und »manchen«, die dem japanischen Urtext fremd sind. Diese Wörter dürften, so wir uns nicht irren, von Coudenhove vor allen Dingen deshalb den einzelnen Verszeilen hinzugefügt worden sein, um den bei der Übertragung von Dreizeilern oft recht beliebten Silbenfall des Trochäus einhalten zu können. Ist doch Coudenhove der Meinung, daß ein Haiku durch deutsche Trochäen wiederzugeben sei, weil dadurch »im Deutschen lesbare Verse entstehen«.

Vergleicht man jedoch den Trochäus mit dem Jambus, so hat der Trochäus, da bei ihm die Hebung auf der ersten seiner beiden Silben liegt, wenn er langsam gesprochen wird, etwas Schweres und Ernstes, wird er aber schnell gesprochen, etwas Laufendes, ja Voraus-Springendes und deshalb Unruhiges; wohingegen der Jambus, bei dem die Hebung auf der zweiten Silbe liegt, etwas ruhig Dahinfließendes, schmiegsam Gleitendes besitzt, so daß sein Rhythmus ausgeglichener und darum auch modulationsfähiger ist als der des Trochäus. Dies zeigt uns ein Vergleich von zwei Übertragungen eines anderen Siebzehnsilbers von Bashô, dessen Urtext lautet:

> hana no kumo / kane wa ueno ka / asakusa ka
>
> blüten – wolken / die glocken uëno? / asakusa?

Dies Haiku wird von uns, nachdem seiner wortwörtlichen Fassung die Verhältniswörter »aus« und »von« eingefügt worden sind, in Jamben gesetzt, so daß es sich folgendermaßen liest:

> Aus Blütenwolken
> Die Glocken von Uëno?
> Von Asakusa?

Bei Coudenhove, der sich in seinen Übertragungen durchweg des Trochäus bedient, klingt dieser Dreizeiler jedoch so:

> Blütenwolken rings.
> Tönt die Glock' aus Uëno?
> Aus Asakusa?

Für den, der hören kann, dürfte die Entscheidung, ob hier dem Jambus oder dem Trochäus der Vorzug zu geben ist, nicht schwerfallen: erschlägt doch das Stakkato, das der Trochäus für diese Verse heraufbeschwört, die Stille, aus der einst für Bashô die Glocken durch wolkengleiche Kirschblüten aufklangen.

Dennoch wird der Trochäus von den meisten Übersetzern, sofern sie nicht, wie Hausmann, in den freien Rhythmus ausweichen, noch immer durchgängig gebraucht, weil sein Silbenfall, wie sie meinen, dem der japanischen Sprache am nächsten komme. Ganz abgesehen davon, daß dies durchaus nicht immer der Fall ist, weil bei einer ganzen Reihe japanischer Wörter der Akzent keineswegs, wie beim Trochäus, auf die erste Silbe fällt, sollte beim Übersetzen in erster Linie das Ohr des Übersetzers darüber entscheiden, welcher Versfuß von Fall zu Fall anzuwenden ist. Kommt es doch sogar bei Bashô, dem Altmeister der japanischen Haiku-Dichtung, bisweilen vor, daß er die strenge Haiku-Form verläßt, wie im folgenden Dreizeiler, dessen erste Verszeile nicht fünf, sondern sechs Silben zählt:

Tsuka mo ugoke / waga naku koe wa / aki no kaze.

Er läßt sich ohne große Schwierigkeiten durchaus so übersetzen:

Grabhügel sei bewegt:
Meine Klagestimme ist
Der Wind des Herbstes.

Diese wenigen Beispiele dürften deutlich gemacht haben, wie schwierig es ist, zu jener Schlichtheit des Wortes zurückzufinden, die erforderlich ist, um einem Versgebilde wie dem Haiku beim Übersetzen ins Deutsche auch nur einigermaßen gerecht zu werden. Ebensosehr aber dürften sie auch deutlich gemacht haben, wie leicht es ist, an dem zu übersetzenden Versgebilde zum Verräter seiner Eigenheit zu werden und sich folglich den Vorwurf des italienischen Sprichwortes zuzuziehen: traduttore – traditore!

Verzeichnis der Dichter

Das folgende Dichterverzeichnis wurde – unter anderem – vornehmlich anhand der »Japan Biographical Encyclopedia« nebst Supplement zusammengestellt. Dennoch war es nicht möglich, die Lebensdaten von allen 174 Haiku-Dichtern dieser Anthologie einwandfrei zu ermitteln, weil die dem Übersetzer zur Verfügung stehenden und bisweilen widersprüchlichen Quellen in einer Reihe von Fällen den Dienst versagten.

Ampû (Ende 18. Jh.)

Arô (geb. 1879) Journalist und Herausgeber der Haiku-Zeitschrift *Shakunage*

Ayatari (1719–75)

Baishitsu (1769–1852) Schwertschleifer

Bakusui (1718–84)

Bashô (1644–94)

Bonchi

Bonchô (gest. 1715) Arzt und Schüler Bashôs

Boryu

Bôsha

Buson (1715–83)

Chihaku (1871–1934) Schüler von Shiki

Chine-jo Schwester von Kyorai

Chiyo-ni (1702–75) Schülerin von Shikô und Otsuyû

Chô-i (Anfang 19. Jh.)

Chora (1721–72)

Chôshû (1853–1932) Verleger; Herausgeber der Haiku-Zeitschrift *Kôtô Shinshi*

Dakotsu (geb. 1885) Schüler von Kyoshi und Leiter der Haiku-Zeitschrift *Ummo*

Dansui (1663–1711) Romancier; Schüler von Saimaro

Dômei

Etsujin (gest. 1702) Färber und Schüler von Bashô

Fukaku (1662–1754)

Fura

Fûsei (geb. 1885) Germanist; Schüler von Kyoshi und Leiter der Haiku-Zeitschrift *Wakaba*

Getsurei

Getto (1879–1949) Apotheker; Schüler von Shiki und Herausgeber der Haiku-Zeitschrift *Karatachi*

Gochiku (1699–1748)

Gonsui (1650–1723)

Gyôdai (1732–92)

Hakki

Hakko (geb. 1899) Arzt und Leiter einer chirurgischen Klinik

Hakyô (geb. 1913) Romanist; Schüler von Shûôshi

Haru

Hekigotô (1873–1937) Journalist und Schüler Shikis; Herausgeber verschiedener Haiku-Zeitschriften

Hetsutenrô

Hokushi (gest. 1718) Schüler Bashôs

Hyakken (gest. 1889) Lehrer an einer Schule für Schiffs- und Maschinenbau; Schüler von Sôseki

Ichiga

Ichiku (1708–59)

Isensui (geb. 1884)

Issa (1763–1827)

Isshô (1652–88)

Izen (1652–1712)

Johaku

Jokun

Jôsô (1661–1704) Zen-Priester und Schüler Bashôs

Jûshi

Kakei (1648–1716) Schüler Bashôs

Kakei (19. Jh.)

Kana-jo (geb. 1878) Gründerin der Haiku-Zeitschrift *Suimei*

Katsumi (geb. 1893)

Keishi

Kigô

Kijô (1870–1938) Justizsekretär; Mitherausgeber der Haiku-Zeitschrift *Hototogisu*

Kikaku (1661–1707) Schüler Bashôs und Freund Ransetsus

Kikusha-ni (1752–1826) Nonne; Schülerin von Sankyô

Kinya (Ende 19. Jh.)

Kishû

Kison

Kitô (1740–89)

Konya

Koshû (Ende 18. Jh.)

Kôyô

Koyû-ni (18. Jh.) Haiku-Dichterin

Kusadao (geb. 1901) Lehrer; Schüler von Kyoshi

Kyokusui (gest. 1719)

Kyorai (1651–1704) Konfuzianistischer Sinologe; Schüler Bashôs

Kyoroku (1656–1715) Schüler Bashôs

Kyoshi (1874–1959) Leiter der von Shiki gegründeten Haiku-Zeitschrift *Hototogisu*

Kyûkoku

Mantarô (geb. 1889) Dramatiker und Romancier; Herausgeber der Haiku-Zeitschrift *Shuntô*

Meisetsu (1847–1926) Sinologe; Mitarbeiter der Haiku-Zeitschrift *Hototogisu*

Michihiko (1757–1820)

Midori-jo Haiku-Dichterin

Mië

Môen

Mokudô (Ende 17. Jh.)

Moritake (1473–1549) Shinto-Priester am Schrein zu Ise

Nao-jo Haiku-Dichterin

Ôemaru (1720–1805) Kaiserlicher Kurierläufer; Schüler Ryôtas

Onitsura (1661–1738) Sake-Brauer; Schüler von Sôin

Ôshû (Ende 18. Jh.) berühmte Kurtisane

Otsuji (1881–1920) Freund und Schüler Shikis

Otsuyû (1675–1739) Schüler Bashôs

Raizan (1653–1716)

Rankô (1726–98) Arzt

Ransetsu (1654–1707) Schüler Bashôs

Reikan (Ende 18. Jh.)

Rikuto (Ende 17. Jh.)

Rippo (1599–1669) Puppenhändler; Schüler Teitokus

Robutsu

Rogetsu (1666–1751)

Rogetsu (1873–1928) Arzt; Herausgeber mehrerer Haiku-Zeitschriften

Rôka (1671–1703) Abt und Schüler von Kyorai

Roseki (1870–1918)

Roshi

Rotsû (gest. 1736)

Ryôkan (1757–1831) Zen-Priester

Ryôshi

Ryôta (1718–87)

Ryôtei

Ryûshi (gest. 1681)

Saimaro (1656–1737) Freund Bashôs

Saisei (geb. 1889) Sohn eines Samurai; Romancier

Sampû (1647–1732) Fischhändler; wandte sich, weil ertaubt, der Haiku-Dichtung zu

Sanin

Sanki (geb. 1900) Dentist; Begründer der Haiku-Zeitschrift Tenrô

Seibi (1749–1817)

Seihô (geb. 1899) Redakteur mehrerer Literaturzeitschriften

Seikô

Seira (1742–92)

Seisei (1867–1937) Journalist; Schüler Shikis und Redakteur mehrerer Literaturzeitschriften

Seishi (geb. 1901) Schüler von Kyoshi und Mitarbeiter an einer Reihe von Haiku-Zeitschriften

Seison (geb. 1892) Professor für Bergbau; Mitarbeiter an der Haiku-Zeitschrift Hototogisu

Sengyo

Senna (1650–1723)

Sentoku (1662–1727)

Shadô (Ende 17. Jh.)

Shara (Mitte 17. Jh.)

Shigeyori (1607–81)

Shigyoku

Shiki (1867–1902)

Shikô (1665–1731) Zen-Mönch; Schüler Bashôs

Shintoku (1633–98) Schüler Teitokus

Shira-o (1739–91)

Shirô (1742–1812) Geburtshelfer; Freund Busons und

Schüler von Gyôdai; auch Landschaftsmaler

Shôha (gest. 1772)

Shô-i (17. Jh.)

Shokyû-ni (1713–81) Nonne und Haiku-Dichterin

Shô-u (1859–1943) Direktor von Industrie-Konzernen; Freund Shikis und Gründer der Haiku-Zeitschrift *Niwatori*

Shûbôshi

Shûgetsu

Shunsô

Shûôshi (geb. 1892) Arzt; Schüler Kyoshis und Herausgeber der Haiku-Zeitschrift *Asebi*

Shûson (geb. 1905) Studienrat; Schüler Kijôs und Shûôshis; Herausgeber der Haiku-Zeitschrift *Kanrai*

Sôchô (1760–1813) Maler und Dichter

Sodô (1641–1716) Deichbaumeister; Anhänger Bashôs

Sôin (1605–82) Lehensmann; Gegner Teitokus

Sôjô (geb. 1901) Versicherungsangestellter; Gründer der Haiku-Zeitschrift *Kikan*

Sôkan (1465–1553) Zen-Priester; Vorläufer von Bashô

Sôkin

Sôseki (1867–1916) Anglist; enger Freund Shikis

Soshun

Suiha (1882–1946) Maler; Schüler von Meisetsu und Kyoshi

Suiô (1716–89) Maler

Sujû (geb. 1893) Arzt; Schüler von Kyoshi und Mitarbeiter an der Haiku-Zeitschrift *Hototogisu*

Sumi

Tadashi (geb. 1907)

Taigi (1709–71)

Tairo (gest. 1779)

Takako (geb. 1887) Haiku-Dichterin; Schülerin von Seishi und Kyoshi

Takashi (1906–56) Nô-Schauspieler und Schüler Kyoshis

Takeshi

Tatsuko (geb. 1903) Tochter von Kyoshi

Teijirô (geb. 1899) Schüler von Shûôshi

Teijo (geb. 1900) Gründerin der Haiku-Zeitschrift *Fuka*

Teishitsu (1610–73) Schüler Teitokus

Teitoku (1571–1654)

Tôgai

Tomoji (geb. 1906) Romancier; Schüler von Shûôshi

Tomojirô (geb. 1906) Komponist; Sohn von Kyoshi

Tôri (geb. 1694)

Toshio (1900–1977) Sohn Kyoshis und dessen Nachfolger in der Haiku-Zeitschrift *Hototogisu*

Tôyô (geb. 1892) Journalist; Gründer einer Haiku-Zeitschrift

Tôyôjô (geb. 1878) Jurist;
Schüler Sôsekis; Redakteur
der Haiku-Zeitschrift *Hoto-
togisu*
Tozan (Mitte 18. Jh.)
Tsuru-jo

Wafû (1866–1937) Journalist
und Arbeiter-Dichter

Yaha (1663–1740)
Yahan (geb. 1895) Wechsel-
makler; Schüler Kyoshis
Yasen (Ende 17. Jh.)
Yasui (1657–1743)
Yayu (1702–83) Lehensmann
der Owari-Sippe

Zuiryu (1629–1708) Schüler
von Teitoku

Literaturhinweise

Zusammengestellt unter Mitarbeit von Volker Probst

Haiku

Bambusregen. Haiku und Holzschnitte aus dem Kagebôshishû. Übers. und hrsg. von Ekkehard May und Claudia Waltermann. Frankfurt a. M. / Leipzig 1995.

Bashô, Matsuo: Hundertundelf Haiku. Vorw., ausgew. und aus dem Jap. von Ralph Rainer Wuthenow. Zürich 1985.

– The Narrow Road to the Deep North and other Travel Sketches. Übers. und mit einer Einl. von Nouyuki Yuasa. Harmondsworth 1966 [u. ö.].

– Auf schmalen Pfaden durchs Hinterland. Aus dem Jap. übertr. sowie mit einer Einf. und Annotationen vers. von G. S. Dombrady. Mainz 1985.

– On Love and Barley. Haiku. Übers. und mit einer Einl. von Lucien Stryk. Harmondsworth 1985.

– Saruminô – Das Affenmäntelchen. Aus dem Jap. übertr. sowie mit einer Einf. und Annotationen vers. von G. S. Dombrady. Mainz 1994.

Bethge, Hans: Japanischer Frühling. Leipzig 1919.

Blyth, R. H.: Haiku. 4 Bde. Tokio 1949–52 [u. ö.].

– A History of Haiku. 2 Bde. Tokio 1969.

Bonneau, Georges: Le haiku. Paris 1935.

Buson: Dichterlandschaften. Eine Anthologie. Aus dem Jap. übertr. sowie mit einer Einf. und Annotationen vers. von G. S. Dombrady. Mainz 1992.

Carter, Steven D.: Traditional Japanese Poetry. An Anthology. Stanford (Cal.) 1991.

Coudenhove, Gerolf: Japanische Jahreszeiten. Tanka und Haiku aus dreizehn Jahrhunderten. Zürich 1963 [u. ö.].

– Vollmond und Zikadenklänge. Japanische Verse und Farben. Gütersloh 1955.

Debon, Günther: Im Schnee die Fähre. München 1956.

Florenz, Karl: Bunte Blätter. Japanische Poesie. Tokio 1897.

– Dichtergrüße aus dem Osten. Japanische Dichtungen. Tokio 1894.

Gundert, Wilhelm / Schimmel, Annemarie / Schubring, Walther (Hrsg.): Lyrik des Ostens. Gedichte der Völker Asiens vom Nahen bis zum Fernen Osten. Lyrische Zeugnisse aus vier Jahrhunderten. München 1952 [u. ö.].

Haicais. Poesia do Japão. Tradução de Geir Campos da versão de Jan Ulenbrook. Rio de Janeiro 1988.

Haug, Gerhard: Kirschblüten schimmern im Morgenlicht. [o. O.] 1948.

Henderson, Harold G.: The Bamboo Broom. Boston 1934.

– An Introduction to Haiku. An Anthology of Poems and Poets from Bashô to Shiki. New York 1958.

– Haiku in English. Rutland (Vt.) / Tokio 1967.

Issa: Mein Frühling. Aus dem Jap. übertr. sowie mit einem Nachw. vers. von G. S. Dombrady. Zürich 1983.

– Die letzten Tage meines Vaters. Aus dem Jap. übertr. sowie mit einem Nachw. und Anm. vers. von G. S. Dombrady. Mainz 1985.

Jahn, Erwin: Fallende Blüten. Japanische Haikugedichte für alle vier Jahreszeiten. Zürich 1968.

Japanische Gedichte. Einf. und Übers. von Manfred Hausmann. Zürich 1990.

Krusche, Dietrich: Haiku. Japanische Gedichte. München 1994.

Kurth, Julius: Japanische Lyrik aus vierzehn Jahrhunderten. München 1943.

Mackenzie, Lewis: The Autumn Wind. London 1957.

May, Ekkehard / Schönbein, Martina (Hrsg.): Blütenmond. Japanisches Lesebuch 1650–1900. München 1990.

Meili, C.: Le haiku. [o. O.] 1951.

Miyamori, Asatarô: Anthology of Haiku. Tokio 1932.

Revon, Michel: Anthologie de la littérature japonaise. Paris 1910.

Rottauscher, Anna von: Ihr gelben Chrysanthemen. Wien 1939.

– Ritter, Dichter, Frauen, Schelme. Wien 1943.

Sato, Hiroaki / Watson, Burton: From the Country of Eight Islands. An Anthology of Japanese Poetry. New York 1986.

Schrader, Reiner: In der Papiertür Löchlein der ganze Himmelsstrom. Klassische Haikus von Bashô, Buson, Issa und Shiki. Hamburg 1996.

Shômon I. Haiku von Bashôs Meisterschülern Kikaku, Kyorai, Ransetsu. Hrsg. und aus dem Jap. übertr. von Ekkehard May. Mainz 2000.

Shômon II. Haiku von Bashôs Meisterschülern Jôsô, Izen, Bonchô, Kyoriku, Sampû, Shikô, Yaba. Hrsg. und aus dem Jap. übertr. von Ekkehard May. Mainz 2002.

Shômon III. Chûkô. Die neue Blüte. Hrsg. und aus dem Jap. übertr.

sowie mit einer Einf. und Annotationen von Ekkehard May. Mainz 2006.

Überschaar, Hans: Bashô und sein Tagebuch Oku no hosomichi. In: Mitteilungen der deutschen Gesellschaft für Natur- und Völkerkunde Ostasiens 29 (1935).

Ueda, Makoto: Bashô and his Interpreters. Selected Hokku with Commentary. Stanford (Cal.) 1991.

Ulenbrook, Jan: Haiku. Wiesbaden 1960.
– Haiku. Bremen 1963.
– Haiku. München 1979.
– Haiku. Neue Folge. München 1985.
– Kirschblüten und wilde Astern. Japanische Haiku. München 1989.

Waley, Arthur: Japanese Poetry. London 1919.

Wohlfart, Günter: Zen und Haiku. Stuttgart 1997.

Zolbrod, Leon M.: Haiku Painting. Tokio / New York / San Francisco 1982.

Einige Haiku-Vertonungen

Beckschäfer, Max: »Sogar mein Schatten ist munter«. Nach japanischen Haiku-Gedichten für vierstimmigen gemischten Chor. Augsburg 1994.
– Japanisches Liederbuch für gemischten Chor. [o. O.] 1989.

Döhl, Friedhelm: Sieben Haiku für Sopran, Flöte und Klavier. Dortmund 1980.

Hendrich, Robert: Liederblätter. 1975–1986. Heidenheim [o. J.].

Korte, Oliver: Wintergesänge für Kammerensemble über acht Haiku. [o. O.] 1992.

Weiterführende Literatur

Adler, Paul / Revon, Michel: Handbuch der japanischen Literatur. Frankfurt a. M. 1926.
– Japanische Literatur. Frankfurt a. M. 1926.

Araki, Tadao (Hrsg.): Deutsch-Japanische Begegnung in Kurzgedichten. München 1972.

Aston, W. G.: A History von Japanese Literature. London 1899.

Blyth, R. H.: Japanese Life and Character of Senryu. Tokio 1960.
– Oriental Humor. Tokio 1963.

Coudenhove-Kalergi, Gerolf: Senryu. Japanische Lebensweisheit, Heiterkeit und Besinnlichkeit im Gedicht. Zürich 1966.

Dürckheim, Karlfried Graf von: Japan und die Kultur der Stille. München 1949 [u. ö.].

Florenz, Karl: Geschichte der japanischen Literatur. Leipzig 1906.

Hasumi, Toshimitsu: Zen in der Kunst des Dichtens. München/Bern 1986.

Hiamatsu, S.: The Vocabulary of Japanese Literary Aesthetics. Tokio 1963.

Higginson, William J.: The Haiku Handbook. How to Write, Share and Teach Haiku. Tokio / New York / London 1985.

Izutsu, Toshihiko / Izutsu, Toyo: Die Theorie des Schönen in Japan. Beiträge zur klassischen japanischen Ästhetik. Köln 1988.

Kapleau, Philip: Die drei Pfeiler des Zen. Lehre – Übung – Erleuchtung. München/Bern 1979 [u. ö.].

Kato, Shuchi: Geschichte der japanischen Literatur. München 1990.

Keene, Donald: Japanese Literature. London 1953.

– World within Walls. Japanese Literature of the Premodern Era. 1600–1867. New York 1976.

Krusche, Dietrich: Haiku. Bedingungen einer lyrischen Gattung. Übers. und Essay. Stuttgart 1984.

Miner, Earl / Odagiri, Hiroko / Morrell, Robert E.: The Princeton Companion to Classical Japanese Literature. Princeton (N. J.) 1985.

Suzuki, Daisetz T.: Die große Befreiung. Einführung in den Zen-Buddhismus. Leipzig 1939 [u. ö.].

– Zen und die Kultur Japans. Stuttgart/Berlin 1941 [u. ö.].

– Leben aus Zen. Eine Einführung in den Zen-Buddhismus. Vorw. von Eugen Herrigel. München 1955 [u. ö.].

– Der Weg zur Erleuchtung. Baden-Baden 1957.

Teiko, Inahata: Erste Haiku-Schritte. Eine Fibel. Bearb. und Anm. von Horst Hammitzsch. München 1986.

Ueda, Makoto: Matsuo Bashô. New York 1970 [u. ö.].

Watts, Alan W.: Der Geist des Zen. Basel 1956 [u. ö.].

Wittkamp, Robert F.: Sommergräser und Heideträume. Zur Übersetzungstechnik beim Haiku. In: Nachrichten der Gesellschaft für Natur- und Völkerkunde Ostasiens 161/162 (1997). S. 111–134.

Yasuda, Kenneth: The Japanese Haiku. Tokio 1957.

Inhalt